紐西蘭旅行家

作者‧攝影／舞菇

U0004906

CONTENTS 目錄

154　**Chapter 5　留宿紐西蘭**

從豪華高檔到戶外露營應有盡有，要事先做好功課

想看，未曾見識的紐西蘭

想去紐西蘭看看的心願放在心裡很久了！

想去南半球，看比北半球更早的日出、體驗更早的新年倒數計時。

更想跟著兩位年輕活潑的家人一起玩：想看看在台灣出生、紐西蘭長大、就業的兄妹倆，究竟是如何規畫他們的假期、遊覽這個廣大的島嶼。

感謝同窗好友Meryl陪伴舞菇同行，感謝姪子Jacky、姪女Jaz、打工度假好手牧羊女Jenn三位「識途小玩家」的安排帶領；謝謝基督城新識好友Jackie、Shoran夫婦與Lala、Michael夫婦推薦私房景點，又在百忙中相陪暢遊基督城，以及周邊山城，有效率地豐富了舞菇的旅程、留下美好的回憶。還有要感謝父母、丈夫和孩子的寬容大量，容許舞菇拋夫棄子23天，也謝謝太雅出版社芳玲總編邀約、主編焙宜，以及相關工作夥伴的協助，讓舞菇有機會把這次由「紐西蘭在地年輕人」主導規畫的見聞、行程資訊與路線規畫出版成冊與讀者們分享。

聽說，紐西蘭(南半球)沖馬桶水流的漩渦轉向、跟台灣(北半球)沖馬桶時的水流漩渦轉向，是相反的呢！舞菇一點兒也沒有注意到、更別說觀察到了⋯⋯即將前進紐西蘭的讀者，別輕易相信網路、電視上別人給你的答案，等你自己到了紐西蘭，一定要親自觀察和證實、瞧個仔細唷！

舞菇

　　舞菇是個童書出版社的編輯，總是在加班到深夜時，做著出國去玩很久的白日夢。好在還可以運用短暫的週末假日，參加荒野保護協會親子團舉辦的活動，和許多的年輕孩子玩在一起。這些快樂的體驗，被轉化為採訪報導的能力，讓舞菇在每一次的自助旅行中，順利挖掘出更多被網友們忽略的趣味點，同時讓每一個旅遊行程，都變得好玩而知性。

　　雖已有多次前往日本、香港、中國、蒙古、加拿大、德國、美國、義大利……的經驗，但就是沒機會到紐西蘭一遊。

　　有幸與居住當地的年輕人一同旅行，得知想要好好玩、悠閒玩遍紐西蘭，需要再調整自己的心態：紐西蘭幅員廣大、每個景點都以不同的特色經營著。所以別想一次玩透紐西蘭，一生只去一次紐西蘭是不夠的！

　　那就期待下次再出發囉！

舞菇的部落格　http 5-gu.blogspot.tw

編輯室提醒

出發前，請記得利用書上提供的Data再一次確認

每一個城市都是有生命的，會隨著時間不斷成長，「改變」於是成為不可避免的常態，雖然本書的作者與編輯已經盡力，讓書中呈現最新最完整的資訊，但是，我們仍要提醒本書的讀者，必要的時候，請多利用書中的電話、網址，再次確認相關訊息。

資訊不代表對服務品質的背書

本書作者所提供的飯店、餐廳、商店等等資訊，是作者個人經歷或採訪獲得的資訊，本書作者盡力介紹有特色與價值的旅遊資訊，但是過去有讀者因為店家或機構服務態度不佳，而產生對作者的誤解。敝社申明，「服務」是一種「人為」，作者無法為所有服務生或任何機構的職員背書他們的品行，甚或是費用與服務內容也會隨時間調動，所以，因時因地因人，可能會與作者的體會不同，這也是旅行的特質。

新版與舊版

太雅旅遊書中銷售穩定的書籍，會不斷再版，並利用再版時做修訂工作。通常修訂時，還會新增餐廳、店家，重新製作專題，所以舊版的經典之作，可能會縮小版面，或是僅以情報簡短附錄。不論我們作何改變，一定考量讀者的利益。

票價震盪現象

越受歡迎的觀光城市，參觀門票和交通票券的價格，越容易調漲，但是調幅不大(例如倫敦)，若出現跟書中的價格有微小差距，請以平常心接受。

謝謝眾多讀者的來信

過去太雅旅遊書，透過非常多讀者的來信，得知更多的資訊，甚至幫忙修訂，非常感謝你們幫忙的熱心與愛好旅遊的熱情。歡迎讀者將你所知道的變動後訊息，善用我們提供的「線上讀者情報上傳表單」或是直接寫信來taiya@morningstar.com.tw，讓華文旅遊者在世界成為彼此的幫助。

太雅旅行作家俱樂部

南北島地圖

奧克蘭Auckland

羅托吐瓦
Rotorua

陶波湖
Lake Taupo

北島
North Island

塔
斯
曼
海

庫

克

海

峽

亞伯塔斯曼國家公園
Abel Tasman National Park

卡胡朗吉國家公園
Kahurangi National Park

莫圖依卡
Motueka

皮克頓
Picton

威靈頓Wellington

尼爾森
Nelson

布蘭尼姆
Blenheim

鬆餅岩Pancake rocks
(普納凱基Punakaiki)

尼爾森湖國家公園Nelson Lakes National Park

葛雷茅斯Greymouth

凱庫拉Kaikoura

霍奇蒂卡Hokitika

亞瑟隘口國家公園
Arthur's Pass National Park

約瑟夫冰川Josef Glacier

城堡山Castle Hill

福斯冰河小鎮Fox Glacier

庫克山國家公園
Mt Cook

基督城Christchurch

阿卡羅阿Akaroa

阿斯帕林山國家公園
Mount Aspiring National Park

蒂卡波湖Lake Tekapo

南

太

平

洋

特威澤爾Twizel

米佛峽灣
Milford Sound

旺納卡Wanaka

皇后鎮QueensTown

蒂阿瑙Te Anau

南島
South Island

峽灣國家公園
Fiordland National Park

但尼丁Dunedin

Chapter 1

發現精采絕倫的

紐西蘭

你對紐西蘭的第一印象，
將從不可錯過的十大體驗開始

奇石、冰河、峽灣的自然勝景，

來自電影中令人難忘的奇妙影像，

趣味十足又驚險刺激的冒險活動，

以及眼下毫無矯飾的蒼廣美景……

紐西蘭之美，一定要親眼見證才知心靈的震撼。

Castle Hill
怪石嶙峋的攀岩聖地城堡山

巨石保護區是電影《納尼亞傳奇》(The Chronicles of Narnia) 的拍攝場景之一。保護區內大小不同的巨石數量超過 2,000 塊，是攀岩愛好者心目中的冒險聖地。

➜ 了解更多，請翻到 P.78

Lake Tekapo

寧靜蒂卡波湖岸邊賞魯冰花海

蒂卡波湖清澈見底，夏季賞魯冰花海、冬季賞極光、
白天散步、晚上觀星，樣樣都美麗。

→ 了解更多，請翻到P.98

Tasman Glacier
塔斯曼冰河：
看順流而下的百年冰山

夏季搭冰河船遊冰河、看藍色浮冰。雖說是「冰」河，但其實當時的氣候溫暖、穿上救生衣已經有點兒太熱了。

➜ 了解更多，請翻到P.104

Milford Sound
景觀壯闊
米佛峽灣觀光郵輪之旅

才剛到停靠郵輪的碼頭，風
光就令人驚羨不已。不過，
把整艘船開到瀑布底下灌
頂，才是前往米佛峽灣一遊
的王道，請務必走出船艙、
並記得穿上防水的外套唷！

➜ 了解更多，請翻到P.118

電影《哈比人》(Hobbit) 的嬌小矮人主角們居住的半穴居屋，猶如童話世界般的可愛村落。

HobbiTon
走進電影場景哈比屯
看童話小屋

➜ 了解更多，請翻到P.145

Queenstown Skyline: Gondola, Luge, Restaurant

美景・美食・溜溜車，
皇后鎮天際線三合一行程

搭乘空中纜車上山玩溜溜車衝下山；然後到 Stratosfare Buffet 高山景觀餐廳，一邊用餐一邊飽覽湖光山色美景。

→ 了解更多，請翻到P.112

Abel Tasman National Park & Split Apple Rock

亞伯塔斯曼國家公園 的自然神妙

這顆花崗岩的巨大圓石，正巧從中裂開一半，就像個漂浮在海面上、被一分為二的大蘋果般奇妙。

→ 了解更多，請翻到P.88

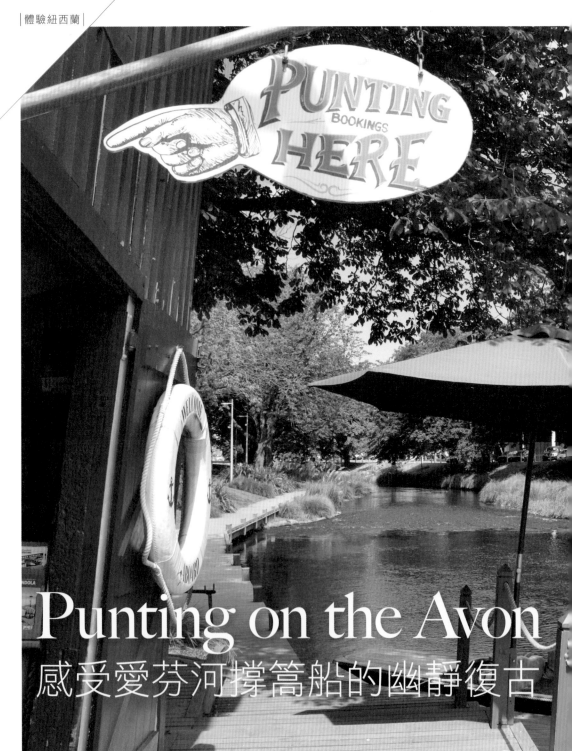

PUNTING
BOOKINGS
HERE

Punting on the Avon
感受愛芬河撐篙船的幽靜復古

基督城市區裡的桃花源、復古的英式劍橋浪漫，無論是舟遊愛芬河，或者漫步河畔到植物園賞花，都美、都好，都優游自在。

→ 了解更多，請翻到P.69

Kaikoura Crayfish
凱庫拉龍蝦船海釣，
絕對不會空手回喔！

搭龍蝦船海釣,跟著漁家一起到海上撈捕龍蝦、釣魚。出發前半小時一定要記得先吃暈船藥,才能少吐好幾次唷!

→ 了解更多,請翻到P.93

Gollum
威靈頓機場餐廳與
巨大的咕嚕共餐

電影《魔戒》(The Lord of the Rings) 的主要角色之一「咕嚕」，以威靈頓機場 (Wellington International Airport) 餐廳上空為漁場，嘴巴吐著氣泡抓鮭魚；甘道夫與巨鷹居高臨下。他們在窗外灑落的天光陪襯下，讓來到此地的人恍如置身電影情境中。

→ 了解更多，請翻到P.139

漫走，
增添對紐西蘭的在地認知

紐西蘭位於南半球，人口稀少土地廣大，
有美酒佳餚、戶外探險活動、電影工業景
點、湖光山色風景如畫……是打工度假者
和退休養老族的天堂，更是許多上班族魂
牽夢縈、舒展身心的好地方。

在常見的旅遊資料之外，來點不一樣的旅行認知

你了解紐西蘭嗎?
幫你重點解析基礎資訊

這裡是，
年輕人的打工度假天堂

　　紐西蘭政府細心呵護這片土地上的壯闊奇景，推廣各式各樣的極限運動，更以各種優惠、有效的政策鼓勵全世界的年輕人前來「打工度假」。也因此，紐西蘭雖然是個「羊口數」多過「人口數」的國家，卻從來不缺年輕勞動力，同時也能持續坐收豐盛的觀光外匯。

天氣涼，
別忘了攜帶可禦寒衣物

　　夏天(12月～2月)白天溫度舒適宜人。北島的北部如奧克蘭屬於亞熱帶地區，但是往南到了北島中部，就進入溫帶氣候區，山區早晚溫差更大。即使夏天前往，也要記得攜帶保暖的禦寒衣物；進入山區，10℃～2℃的氣溫是家常便飯，所以要準備厚外套、長褲，以及襪子和包鞋。

日落晚，早班機抵達當天別急著休息

　　紐西蘭與台灣的時差為4小時(台灣時間+4就是紐西蘭時間)，夏季還有日光節約時間1小時，日落時間大約是21:00。搭早班出發的直達飛機、或者轉機待機時間不超過2小時，到達紐西蘭之後可以玩到很久！所以在飛機上要盡量養足精力、多睡會兒唷！

◀紐西蘭住民與台灣觀光客的體感溫度大不同(6號公路，從旺納卡到皇后鎮沿線景致)

北中南三個交通樞紐，
都很便利！

亞洲飛往紐西蘭的航班，有2個停降的國際機場，1個在北島奧克蘭，1個在南島基督城，所以亞洲旅客必定能到訪奧克蘭和基督城。反倒是首都海港城市威靈頓，雖是連結南、北島的樞紐，卻常被亞洲旅客忽略，實在非常可惜。

建議搭乘渡輪跨越庫克海峽，連結南、北島的旅遊路線：以海港城市威靈頓串聯北島人文都市奧克蘭與南島山水美景基督城、皇后鎮，如此才能完整體驗紐西蘭風情。

基督城機場塔台與裝置藝術

奧克蘭交通轉運中心

威靈頓港口慶祝元旦觀賞樂團表演的人潮

塔斯曼冰河湖的冰河船(MAC Boats)

米佛峽灣的觀光郵輪(JUCY Cruise)

喜歡搭乘不同的交通工具嗎？你有福了！

船舶

　　有大到可以讓車輛走進肚子裡的跨海渡輪，也有小到單獨一人搖槳的獨木舟，多樣化的船舶旅遊讓紐西蘭之旅開心又豐富。

復古火車、電車

　　敲鐘、鳴笛的火車、電車最能發思古幽情，有機會千萬別錯過！

仙蒂鎮園區蒸氣火車
(Steam Train)

基督城復古電車(Tram)

空中纜車

　　在高空中隨著纜車輕緩搖晃，俯瞰高山遠景，不敢坐無舵溜溜車衝刺下山，就搭空中纜車欣賞美景吧！

皇后鎮天際線纜車(Gondola)

套裝行程交通工具

　　只有搭乘這部專車，才能進入私人經營的哈比屯。快來報名親臨這魔幻童話場景吧！

跟團去看哈比屯

紐西蘭與台灣一家親？
就來比較看看！

Point 1 南島與台灣，地形比一比！

「紐西蘭南島四周環海、西部由一系列東北往西南走向的山脈構成，山脈縱貫全島，兼具非常迷人的海景與山景」……有沒有發現以上描述和台灣的地形描述非常相似？

不過，南島有個獨步全球的風景，那就是南島擁有全世界最靠近海洋的冰河。一般而言，冰河景觀都在內陸，像台灣的冰河遺跡在雪山圈谷、玉山圈谷等接近峰頂的高山上，都距離海洋很遠。

旅行長知識

不論到南到北，飛機先落地北島

從台灣到紐西蘭，即使直飛南島，飛機也會先在北島奧克蘭機場落地。旅客得全部下飛機，提領行李、再一次檢查你攜帶的物品，確定不會造成南島生態系統的傷害(生物安全檢查)後，才能再把行李送進飛機裡、飛往南島。

紐西蘭人暱稱與大自然息息相關

紐西蘭極為重視維護本土的生態環境，這是有鑑於百年前歐洲移民登陸後，許多在地的特有生物物種，就因為強勢外來生物的侵擾而逐漸滅絕。舉例來說，紐西蘭原是多種無翼鳥的故鄉，如今只剩奇異鳥(Kiwi)留存，成為世界唯一倖存的無翼鳥科物種。愛護本土自然生態的紐西蘭國民，甚至自比為奇異鳥，所有的紐西蘭人暱稱就是Kiwi。

Point 2 街上行走，到底是在奧克蘭還是台灣？

紐西蘭是英語系國家，但因尊重原住民毛利民族，地名原則上均採用英語／毛利語並用。但是在奧克蘭看到的又是另一番景象：因為奧克蘭是華人觀光客必經之地，也是華人移民往紐西蘭的首選，因此走在奧克蘭街頭，常可聽見人們以華語交談，就算在機場也可以找到能說華語的地勤服務人員幫忙，讓人倍感親切！

→走在奧克蘭的街道上，迎面而來開口說華語的，10人裡至少有3人

Point 3 紐西蘭移民的起源，竟然與花東有關？

在地球上，紐西蘭是最後被發現的一塊大陸，也是世界最年輕的國家。毛利人是第一批移民到紐西蘭的住民，在毛利人的傳說裡，他們的祖先在700年前從一個叫做「哈瓦基」Hawaiki的地方，飄洋過海來到紐西蘭。

根據一群科學家的研究發現，這處叫「哈瓦基」的神祕起源地，非常有可能就是台灣的花東縱谷！當來自紐西蘭的2位毛利人語言學家拜訪太巴塱阿美族部落時，看到祖靈屋Kakita'an的形式，與家鄉毛利人的聚會所幾乎完全相同，甚至連語言、傳說都類似時，就感動地說「我們回家了！」(本資訊來自Mata Taiwan傳說解密了，網址：www.matataiwan.com，搜尋關鍵字「哈瓦基」)

出發，
Chapter 3
做好準備前進紐西蘭

紐西蘭的旅遊服務幾乎無可挑剔。出發前決定好要開車或者搭車、強化「地圖上每一小段路可能都很長」的心理建設；其他的，想要隨遇而安、還是詳細規畫；就看旅行者的個性而定吧！

這趟行程要開車、自助、跟團，行前規畫幫你畫重點

第1彈　關於交通，你必須知道

紐西蘭地形狹長，要善用各式交通工具

南島幅員廣大，
自駕旅行最優游自在

　　自助旅行規畫要先考慮旅行日數、體力、經費，以及語言能力和駕駛車輛的技術，好不容易和一起出發的夥伴們調整好共同的假期，當然希望能深入地多玩幾個點。

　　南島多山，一座接著一座的國家公園，壯觀又美好……如果可以順著自己的心意走走停停，喜歡待的地點就待久一些、緣淺或者不對味的地方就提早閃人，這非得靠自用車才能順心如意。

　　因此，舞菇在南島旅遊的交通工具以自用車為主。直到與住在北島威靈頓的夥伴分開之後，才安排搭乘大眾運輸工具，踏上背包客的行程。

南北島穿梭，
考量多種工具搭配更便利

　　有些行程，考量交通狀況、停車地點、駕車者精力，以及旅遊情趣、安全或者行程安排等因素後，也會交替運用當地旅行團、搭乘遊覽車、遊艇、渡輪、電車……不同的交通工具。例如，從南島跨北島搭乘的是大型渡輪，連車帶人一起通過庫克海峽。到北島之後的交通工具則包括了自用車、飛機、長途巴士和公車。

旅行長知識

高山景觀火車適合冬季

從基督城到葛雷茅斯的高山景觀火車享有盛名，開車自駕旅行又想搭火車，還真是有點兒難為。不過，據說這長達223公里的高山火車，冬天的景觀才美；所以，夏天開車旅遊沒有去搭高山火車，就不會感覺那麼遺憾了吧！

北島交通方式多樣，可多加運用大眾交通工具，亦可跟團

北島北端的奧克蘭前往各旅遊景點的巴士班次多，要善加利用。從北島南端的威靈頓前往中部羅托魯瓦可以參加當地的旅行團，可以在網路上就報名參加。跟著旅行團跑，就不用擔心交通的問題了。

長途移動，搭船還是搭飛機？搭飛機還是搭巴士？

■南島跳北島

從南島頂端的皮克頓港搭渡輪到威靈頓，需要3.5個小時；從南島基督城機場飛北島南端威靈頓機場只需要45分鐘，但搭渡輪可以體驗庫克海峽的風光。

■北島南端往北

從威靈頓搭乘大巴士，走山路到羅托魯瓦，需要7、8個小時；從威靈頓機場搭飛機到羅托魯瓦只需要1小時10分鐘。

建議選擇搭飛機，因為局限在一個座位上長達8小時很辛苦，而且把交通的時間節省下來，可以在羅托魯瓦多待半天，慢慢地、悠閒地泡個溫泉浴。

■北島北端交通

從羅托魯瓦到奧克蘭，只能搭乘大巴士，山路車程約4小時，沒有飛機航班也就不用考慮太多了。

自駕看這裡

紐西蘭是右駕，請小心駕駛

紐西蘭汽車方向盤在右座、靠左行駛。習慣左駕的開車好手們，除了備好國際駕照以外，可能會需要2～3天的適應期。

本次同遊的夥伴Jacky是首席駕駛，從小住在紐西蘭、剛學開車上路考的就是紐西蘭當地駕照。他對亞洲來的左駕朋友們的建議，提供給大家參考：

1. 熟讀交通規則
2. 凡事靠左，走路或開車都一樣
3. 盡量不要超車(緊急的對向會車狀況下最容易錯打方向盤)
4. 注意每個路段的限速
5. 圓環的開法(讓右邊來車先通行)
6. 行人優先

預估行車時間不可大意

到紐西蘭自助旅行，最容易低估旅程所需花費的時間。從地圖上看起來似乎很近、很快就可以到達的地方，其實路程都很長、可能一路上都是蜿蜒的山路，風景雖美卻沒有辦法停車休息。

所以長途開車後要好好休息，可以考慮在同一個定點住2晚，不趕路程的那一天，改搭乘大眾交通工具，或者探索住處周邊環境；一方面避免疲勞駕駛，另一方面才不會有一種「都在趕路」、「好像在行軍」的壓力。

玩得安全、盡興、有品質，是自助旅行的最高原則！

資訊補充站

紐西蘭交通規則及相關注意事項

↑遇到STOP標誌時，務必完全停車，並確定沒有來車或行人，才可以通行。

↑車輛各遇「GIVE WAY」標誌及「STOP」標誌時，遇到GIVE WAY標誌的車輛應優先通行。

←紐西蘭鄉間道路雖多為雙線道，卻經常出現「單線橋梁」。「單線橋梁」交通號誌桿(↑↓)如我方方向為紅色或出現紅圈(Red Circle)號誌，即表示我方必須禮讓對方優先上橋。

←如為藍色或出現藍色長方形(Blue Rectangle)號誌，則表示對方必須禮讓我方車輛先行。

↑開車遇到圓環(roundabout)，應讓右邊來車先通行。

更多紐西蘭交通規則資訊，請參考駐紐西蘭台北經濟文化代表處網站，提供在紐西蘭駕車相關的規則與注意事項，敬請詳閱。www.roc-taiwan.org/nz/post/109.html。

本次使用車輛為馬自達6，排氣量2,300cc，參與人數5人，滿座

評估後車廂大小，再決定行李箱或軟背包

　　租用汽車要先評估汽車後車廂可以擺放多少件行李以及行李箱的尺寸；改帶軟背包、避免行李箱塞不進後車廂，也是個不錯的方法。

資訊補充站

租車與預約，出發前先安排好

1. 租車：出發前需決定自助旅行的交通工具，包括自駕車排氣量、租車公司、認識大眾交通系統、交通號誌。
2. 事前預約：尋找與預定旅館、餐廳、套裝行程，請善用全國80個i-SITE(紐西蘭遊客訊息中心)，輕鬆又省事！

http www.newzealand.com/int/visitor-information-centre

第2彈　去紐西蘭，該如何準備行李

準備行李是件煩心事？建議分類幫助你快速完成

建議行李內容可分為六大類：

一、隨身證件、現金

- 護照(6個月以上有效期限)
- 19歲以上在學緩徵役男需向內政部辦理出國(境)核准，請上網搜尋「國內在學緩徵役男網路申請出國(境)申請書」
- 機票、簽證(3個月內免簽證)
- 國際駕照、護照影本 (印個幾份備用，記得與正本分開放)
- 旅行計畫表(包括預訂遊覽處、住宿地點)
- 現金／信用卡

二、3C電器類

手機、相機、平板、筆電、行動電源、記憶卡等不可託運，且通過海關時要從包包裡拿出來分開檢查。可以先找一個輕巧的拉鍊包把它們裝在一起過海關。充電器材要放在一起，別忘記多帶2個轉接頭！

三、醫療用品

個人常備用藥依照個人需求準備。紐西蘭就醫不便宜，可攜帶常用藥品以備不時之需，但記得攜帶藥單收據或藥品完整包裝，入境時誠實申報填寫紐西蘭入境表。

四、生活用品

- 指甲剪(凡是尖銳物品請記得放託運)
- 原子筆(隨身攜帶，方便填寫入境卡)
- 文件夾(可放列印出來的簽證等)
- 保溫瓶(天氣冷時有熱水可以喝真的很舒服)
- 洗衣袋、束口袋、夾鏈袋
- 髮圈、髮夾數個、梳子、鏡子

↑紐西蘭的電源插座

五、個人盥洗用品

　　若攜帶單瓶超過100ml的液體、膠狀物品記得放託運行李中，包好、確保不會因為高空壓力改變而滲漏。

六、衣物服飾類

　　依照要去的地點決定帶的衣服種類。搭機時就穿最大、最蓬鬆的衣服，一方面減少行李的空間及重量，二來機艙溫度偏低，長時間搭機穿上保暖舒適的服裝，可以避免搭機不適。也可使用壓縮袋或把衣服捲起來收納，可以節省空間。

- 上衣、褲子、襪子、貼身內衣褲、發熱衣／褲(各帶幾件就好，不夠的話當地再買)
- 保暖／防風／防水外套
- 遮陽帽、毛帽、圍巾、手套、墨鏡
- 泳衣褲
- 球鞋、休閒鞋、拖鞋

小細節大提醒，旅遊更愜意

- 全年必備重要物品：高防曬係數防曬油、帽子、太陽眼鏡。
- 保養品到紐西蘭再買，因為氣候和台灣不同，需要的保養方式也不大一樣。而且，紐西蘭可是天然保養品大國，隨便一個品牌的保養品都很實惠好用！
- 善用住宿處的廚房廚具、注意超市營業時間(大約17:00打烊)。
- 電源轉接頭最好選插頭底座面積小一點的，因為紐西蘭的插座旁有一個電源開關(開啟後插座才會通電)，如果你帶的萬用插頭底座面積太大，會卡到電源開關、就不能通電了！

↑用噴的高係數防曬油，在紐西蘭的超市買的

- 耶誕節到新年之間的假期，很多店面(包括餐廳)都休息，這一段時間最好要預約餐廳、或者先到超市準備足量的食物。
- Boxing Day從12月26日開始，這幾天如果店家有開門(通常是大城市如奧克蘭)，就可以買到價格很優惠的商品。

資訊補充站

去紐西蘭的實用參考資料
- 《開始在紐西蘭自助旅行》｜藍麗娟｜太雅出版
- Inter City長途巴士訂票網頁 www.intercity.co.nz
- 更多的心理準備，請參考
  1. SHEPHERDESS牧羊女紐西蘭奇幻之旅」
     http shepherdessjenn.wordpress.com
  2. 「老包．隨意窩」
     http blog.xuite.net/jt4127/twblog1

旅行長知識

亞洲商品齊全的三商超市

　　紐西蘭有很多華人商店，如基督城三商超市，這個超市進了大量的亞洲食品，如果想吃泡麵之類的食品，不用帶太多，可以到當地的超市採買補充就好。

　　除了亞洲食品，如果要買保養品或者健康食品當作餽贈親友的禮物，這裡也可以一次滿足需求。只要注意別讓行李超重就是了！

地　　址：386 Riccarton Rd, Upper Riccarton, Christchurch 8041
營業時間：09:00～19:00

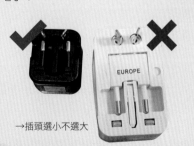

→插頭選小不選大

第3彈 購買當地TOUR行程 照著做很簡單

一、在官網訂購的方式：

　　在紐西蘭有不少當地旅遊團，提供相當獨特的遊玩內容，想要訂購很簡單，大多只要依照官網說明、使用信用卡付費，就可以預約行程。

　　在此以哈比屯之旅(Hobbiton Movie Set)為例，向大家介紹網站訂購行程的使用方式：

1. 建議使用Google Chrome瀏覽器。

2. 在網址列輸入行程網址 www.hobbitontours.com/our-tours

3. 如使用微軟系統電腦，進入行程首頁後，點選螢幕右上角「翻譯這個網頁」，網頁會自動翻譯成中文，雖然有些翻譯的文法看起來怪怪的，但是無礙於溝通。

4. 點選BOOK NOW，就會出現預訂頁面

5. 點選出發地點與時間、出發日期(日曆是白色色底的才能點選)、人數，等資訊網頁自動計算金額後，點選加入購物車。(請留正確、不易被退件的電子信箱)

6. 信用卡付費後，很快就會收到：office@hobbitontours.com寄來的電子發票(Tax

預訂

預訂

縱兆魯瓦上午/八時十五分出發

Wed 14 Dec 2016

原價		PP	NZD
成人	2	$ 114.00	$ 228.00
青年 (年齡9-18yrs)	2	$ 74.50	$ 149.00
兒童 (全0-6m-)	0	$ 35.00	
總金額			$ 377.00

Invoice - Accompanying Email)，請保留信件電子檔在「會隨身攜帶的行動裝置」裡，或者列印PDF文件檔隨身攜帶，作為參加哈比屯之旅的憑證。

二、限量或容易滿額的行程請提早報名：

· JUCY米佛峽灣套裝行程
Cruise Milford Sound With JUCY
報名網址：www.jucycruize.co.nz/milford-sound-cruises

· 塔斯曼冰河船探索之旅(Glacier Explorers)
報名網址：booking.glacierexplorers.com/booking

· 皇后鎮天際線纜車三合一行程：空中纜車+溜溜車+高山景觀餐廳 (Queenstown Gondola sky line: Gondola + Luge + Stratosfare Buffet)
報名網址：
a. 無限制乘坐空中纜車www.skyline.co.nz/queenstown/gonola
b. 無舵溜溜車www.skyline.co.nz/queenstown/luge
c. 纜車+高山景觀餐廳www.skyline.co.nz/queenstown/restaurant

· 零下冰吧(belowzero° Ice Bar)
預約網址：rtbslive.com/obl/belowzero

· 蒙特斯釀酒廠
Monteith's Brewing Company
參觀釀酒過程，還可以品酒。
預約網址：www.thebrewery.co.nz/welcome-to-monteith-s.html

· 凱庫拉海釣之旅(Kaikoura Fishing Tours)
1. 2016年11月地震災區，預約前請確認交通路徑。
2. 48小時前預訂留下基本資料，可指名最有興趣的活動(一般都選第一項捕小龍蝦和釣魚)
報名網址：www.kaikoura-fishing-tours.co.nz/contact-us

12天旅行計畫

南島開車慢慢遊，攀奇岩海釣暢行南島以北

Day 1　　玩樂重點

行程	台灣 → 奧克蘭 → 基督城
交通	直達航班約15小時，機場搭巴士到基督城約50分鐘

Day 2-3　　玩樂重點

行程	基督城 (停留2天)
交通	基督城市區搭乘Adult TRAM懷舊電車(2線)，遊愛芬河搭乘Punting撐篙船。各定點均可視體力狀況搭乘電車或者步行抵達

> **NOTE**
> 2天的自由行程，可前往愛芬河、植物園、大教堂震災後遺址、紙教堂、百貨公司、C1咖啡等，發現城市的活力

> **NOTE**
> 紐西蘭的夏天，大約21:00才天黑，可以善加利用

Icon 圖示說明

都會區　餐飲　小船　電車　飛機　丘陵　遊樂區　開車　登山　小火車　海景　山景　賞花　湖景　觀星　城鎮　巴士　渡輪　釣魚　漁船　勝景　健走　博物館　纜車　瀑布

12天行程規畫地圖

1號國道聯絡凱庫拉路段因地震損壞，出發前請上網www.nzta.govt.nz查閱最新的國家高速公路替代道路信息，關鍵字請鍵入「Kaikoura」

Day2～Day3、Day9基督城、Day10～Day11奧克蘭都會區旅遊路線請見基督城(P.67)、奧克蘭市區地圖(P.149)

里程數1,076公里
✈ 1小時20分

1 奧克蘭
Auckland

羅托魯瓦
Rutorua

陶波湖
Lake Taupo

亞伯塔斯曼國家公園
Abel Tasman National Park **10**

莫圖依卡Motueka **9**

淡菜料理餐廳
Mussel Pot Nelson

11　**12**

逆風角海狗棲息地
Cape Foulwind Seal Colony

WOW博物館
WOW Museum

7

尼爾森湖國家公園羅托伊蒂湖
8 Lake Rotoiti

6 鬆餅岩Pancake Rock
(普納凱基Punakaiki)

葛雷茅斯
Greymouth **4**

5

仙蒂鎮Shantytown

13

凱庫拉
Kaikoura

3 城堡山Castle Hill

2 基督城Christchurch

14 阿卡羅阿Akaroa

GPS

1 奧克蘭 Day1, Day 10～11
36° 50' 25.5" S, 174° 44' 23.53" E

2 基督城 Day2～3, Day9
43° 31' 48" S, 172° 37' 13" E

3 城堡山 Day4
43° 11' 48.7" S, 171° 44' 27.9" E

4 葛雷茅斯 Day5
42° 27' 0.91" S, 171° 12' 28.4" E

5 仙蒂鎮
42° 31' 49.2" S, 171° 10' 55.3" E

6 鬆餅岩
42° 06'58.8" S, 171° 19' 48.2" E

7 逆風角海狗棲息地
41° 44' 40" S, 171° 28' 14" E

8 尼爾森湖國家公園羅托伊蒂湖
41° 48' 17.1" S, 172° 50' 38.0" E

9 莫圖依卡 Day6
41° 02' 08.8" S, 173° 01' 06.7" E

10 亞伯塔斯曼國家公園 Day7
40° 56' 06.2" S, 172° 58' 58.7" E

11 WOW博物館
41° 17' 53.88" S, 173° 14' 22.2" E

12 淡菜料理餐廳
41° 16' 43.1" S, 173° 46' 01.8" E

13 凱庫拉 Day8
42° 24' 50.0" S, 173° 41' 27.1" E

14 阿卡羅阿 Day8
43° 48' 18.1" S, 172° 58' 01.8" E

Day 4

玩樂重點

行程

Plan A： 基督城 → 城堡山 (巨石林，停留約2～3小時，要自備中餐、飲用水) → 亞瑟隘口國家公園 → 葛雷茅斯 → 仙蒂鎮蒸氣火車之旅 (停留約2～3小時) → 葛雷茅斯 (宿)

> **NOTE**
> 仙蒂鎮是個淘金歷史小鎮，非常適合親子共遊

Plan B： 基督城 → 城堡山 (巨石林，停留約5～6小時) → 亞瑟隘口國家公園 → 葛雷茅斯 (宿)

> **NOTE**
> 喜歡登山健行、騎自行車等戶外運動的人，就算待在城堡山6個小時也不會覺得膩，那麼就把仙蒂鎮安排在隔天再去也行，舞菇個人推薦B方案

交通

1. 開車途經Old West Coast Rd和SH73，路程99公里到城堡山，行車時間約1小時30分；繼續走SH73往西北方向前進，路程146公里到葛雷茅斯，行車時間約2小時

> **NOTE**
> 基督城到葛雷茅斯有高山火車可以搭乘，需時約4小時，如果冬天前往，可以看見壯闊的高山雪景。火車會在亞瑟隘口停留約30分鐘，讓乘客下車散步、拍照；不過這樣就不會經過城堡山，原本開車旅行的人要先還車，到葛雷茅斯再租車，注意行李減量的問題

2. 從葛雷茅斯走State Highway 6和Rutherglen Rd，路程11.5公里到仙蒂鎮，行車時間約10分鐘

> **NOTE**
> 仙蒂鎮的蒸氣火車懷舊之旅只在耶誕節當天休息，每日首班發車時間09:45，末班車的發車時間是16:00

玩樂重點

行程

Plan A：葛雷茅斯→鬆餅岩(停留約2～3小時)→沿西海岸公路到逆風角看海狗家族(停留時間，可隨旅行計畫、氣候以及海岸上所能觀賞到的海狗數量而定)→尼爾森湖國家公園／羅托伊蒂湖湖岸觀山景(停留1～2小時) → 莫圖依卡(宿)

> **NOTE**
> 夏季小黑蚊很多，到羅托伊蒂湖注意防蟲叮咬

Plan B：葛雷茅斯→仙蒂鎮蒸氣火車之旅(停留約4小時)→鬆餅岩(停留約2小時) → 沿西海岸公路到逆風角看海狗家族(停留時間，隨旅行計畫、氣候以及海岸上的海狗數量而定)→尼爾森湖國家公園／羅托伊蒂湖湖岸觀山景(車手和乘客的休息時間，停留約1小時)→莫圖依卡 (宿)

> **NOTE**
> 西海岸公路是很棒的開車兜風路段，風景優美，路況也不錯，開車請注意車速，最高限速100 km/h

交通

1. 從葛雷茅斯途經State Highway 6，路程44.6公里到鬆餅岩，行車時間約40分鐘

2. 路程請參考Day 4的交通2，再返回葛雷茅斯方向，路程55.8公里到鬆餅岩(Day 5的交通1方案)行車時間約50分鐘

3. 繼續沿State Highway 6北上，從鬆餅岩到逆風角途中有許多眺望點可以停車

4. 從逆風角沿State Highway 6，路程170公里到尼爾森湖國家公園的羅托伊蒂湖，行車時間約2小時15分

> **NOTE**
> 在Google Map輸入鬆餅岩Pancake Rocks，會秀出普納凱基Punakaiki這個地名，可是如果你要向當地人問路，就要說Pancake Rocks，因為知道這裡叫做普納凱基的人反而不多

> **NOTE**
> 尼爾森湖國家公園和尼爾森在同樣一條高速公路上，但卻是相隔很遠的兩個不同的地點，設定導航的時候要注意

Day 6

玩樂重點

行程
莫圖依卡小鎮 (全天停留，休息、採購食物裝備) → 塔斯曼國家公園凱特里特里海灘戲水 → 莫圖依卡 (宿)

> **NOTE**
> 海灘戲水時，下午16:00以後雖然仍有日照，陽光較不刺激皮膚，但是畢竟和台灣海邊的夏天不同，風大溫度下降很快，感覺還挺冷的

交通
從莫圖依卡i-SITE途經State Highway 60和Riwaka-Kaiteriteri Rd，路程14.4公里到凱特里特里海灘，行車時間約20分鐘

Day 7

玩樂重點

行程
莫圖依卡 → 塔斯曼國家公園凱特里特里搭乘海上巴士 (半天的行程) → WOW博物館(3小時) → Mussel Pot Nelson淡菜料理餐廳 (2小時) → 凱庫拉 (宿)

> **NOTE**
> 喜愛海上活動、戲水、健行、划獨木舟、露營……的人，來塔斯曼住3天也不會厭倦哪！！

> **NOTE**
> 淡菜餐廳需要先預約訂位以便廚師準備用料，午餐時間11:00～15:00，晚餐時間17:15～20:15，冬天(6/6～8/31)不營業

> **NOTE**
> WOW博物館開放時間每日10:00～17:00

1. 從莫圖依卡i-SITE到塔斯曼國家公園海灘同Day 6交通

> **NOTE**
> 凱特里特里的海上巴士出發時間，請參考網路時刻表abeltasmanseashuttles.co.nz/timetable 中途船會停靠Medlands Beach，其他點，船只在海上緩行或者暫停簡介，沒有停靠。全程航程3小時15分鐘。也可以搭早一點的船班、買票到Medlands Beach就下船，再搭第一班出發的回程海上巴士(會在Medlands Beach靠岸)，回凱特里特里。半程航程約1小時45分鐘。

交通

2. 塔斯曼國家公園途經State Highway 60，路程55公里到WOW博物館，行車時間約1小時

3. WOW博物館途經State Highway 6，路程79.5公里到Mussel Pot Nelson淡菜料理餐廳，行車時間約1小時15分

4. Mussel Pot Nelson淡菜料理餐廳途經SH 1，路程171公里到凱庫拉，行車時間約2小時10分

Day 8

玩樂重點

🏝️ 🗼 🍴 🚗 🎣

行程

凱庫拉賞鯨或搭乘龍蝦船海釣 (選擇3小時以內的海上行程) → 現釣新鮮龍蝦鮮魚料理餐廳 → 基督城南島華人區與三商超市購物

> **NOTE**
> 上龍蝦船海釣前半小時，記得吃暈船藥(只吐3次以下的，都不丟臉……)

> **NOTE**
> 三商超市營業時間09:30～19:00

交通

1. 從凱庫拉途經SH 1路程181公里到基督城，行車時間約2小時15分
2. 從基督城i-SITE到三商超市本店路程6公里，行車時間約10分鐘

Day 9

玩樂重點

行程

基督城坎伯雷特博物館 (停留2～3小時) → 南極中心 (3小時)

> **NOTE**
> 博物館開放時間09:00～17:00，10月～次年3月17:30閉館

> **NOTE**
> 南極中心開放時間09:00～17:30

> **NOTE**
> 購物行程盡量集中在基督城與奧克蘭回程，以免一路上的行李越來越多、妨礙自助旅行的自由度

交通

1. 從i-SITE到博物館，走路約1分鐘
2. 從i-SITE途經Memorial Ave，路程11公里到南極中心，行車時間約為17分鐘

Day 10

玩樂重點

行程

基督城貨櫃屋假日廣場 → 基督城機場 → 奧克蘭市區 (宿)

交通

1. 從i-SITE出發可搭電車或步行約15分鐘
2. 基督城搭巴士到機場約50分鐘，直飛班機約1小時20分抵達奧克蘭

Day 11

玩樂重點

行程

奧克蘭市區 (自由行) → 奧克蘭機場 (搭晚上最後一班飛機回台灣)

交通

1. 觀光景點巴士
2. 奧克蘭市區搭SKY機場巴士到機場約50分鐘。直飛班機約14小時10分

Day 12　　　玩樂重點　✈

| 行程 | 抵達台灣 |
| 交通 | 直達航班或轉機約15小時 |

準備好住的地方了嗎？寫下你的住宿計畫

地點	天數	我預訂的旅館聯絡方式
基督城	前2夜	
	後2夜	
葛雷茅斯	1夜	
莫圖依卡	2夜	
凱庫拉	1夜	
奧克蘭	1夜	

NOTE
住宿預定可參考紐西蘭遊客訊息中心i-SITE

23天旅行計畫
南北島深度旅，賞冰河峽灣探訪自然人文

Day 1	玩樂重點

行程	台灣 → 奧克蘭 → 基督城
交通	直達航班約15小時，機場搭巴士到基督城約50分鐘

Day 2-4	玩樂重點

行程	Plan A：基督城 (同12天行程方案Day 2～3)P.46 Plan B：基督城 → 小河鎮→法國小鎮阿卡羅阿 → 基督城 (宿)
交通	途經State Highway 75會經過小河鎮再到阿卡羅阿(約81公里)，行車時間約1小時20分

Icon 圖示 說明

 都會區　 餐飲　 小船　 電車　 飛機　 丘陵　 遊樂區　 開車　 登山　 小火車　 海景　 山景　 賞花　 湖景　 觀星　 城鎮　 巴士　渡輪　釣魚　漁船　勝景　健走　博物館　纜車　瀑布

23天行程規畫地圖

GPS

❶ 基督城 Day1～3, Day5
43° 31' 48" S, 172° 37' 13" E

❷ 阿卡羅阿 Day4
43° 48' 18.1" S, 172° 58' 01.8" E

❸ 城堡山 Day6
43° 11' 48.7" S, 171° 44' 27.9" E

❹ 蒂卡波湖 Day7～8
44°00'17.5"S, 170°28'36.9"E

❺ 奧拉基／庫克山 Day9
43°35'30.5"S, 170°17'26.5"E

❻ 特威澤爾
44° 15' 07.8" S, 170° 06' 21.3" E

❼ 旺納卡
44° 42' 0" S, 169° 9' 0" E

❽ 皇后鎮 Day10
45° 01' 52.1" S, 168° 39' 39.3" E

❾ 蒂阿瑙
45° 24' 30.7" S, 167° 43' 14.2" E

❿ 米佛峽灣 Day11
44° 40' 30" S, 167° 55' 46" E

⓫ 福斯小鎮 Day12
43°27'52"S 170°1'4"E

⓬ 霍奇蒂卡
42° 43' 06.2" S, 170° 57' 52.0" E

⓭ 葛雷茅斯 Day13
42° 27' 0.91" S, 171° 12' 28.4" E

⓮ 鬆餅岩
42° 06'58.8" S, 171° 19' 48.2" E

奧克蘭 ㉕
Auckland

哈比屯 ㉔
HobbiTon

羅托魯瓦 ㉓
Rotorua

里程數約450公里

✈ 1小時10分

庫

克

亞伯塔斯曼國家公園Abel Tasman National Park ⑯
莫圖依卡Motueka ⑮   皮克頓Picton
⑰   ⑳   ㉒ 威靈頓Wellington
尼爾森Nelson   ⑲ 布蘭尼姆Blenheim

海

鬆餅岩Pancake Rock
⑭ (普納凱基Punakaiki)   ㉑ Cook Strait

葛雷茅斯Greymouth ⑬   ⑱
霍奇蒂卡Hokitika ⑫   凱庫拉
Kaikoura

城堡山Castle Hill
③

福斯小鎮Fox Glacier ⑪   奧拉基Aoraki
⑤ (庫克山Mt. Cook) ① 基督城Christchurch
④ 蒂卡波湖   ②
Lake Tekapo   阿卡羅阿
Akaroa

米佛峽灣
Milford Sound 特威澤爾Twizel
⑥
⑩   ⑦ 旺納卡Wanaka

⑧ 皇后鎮Queenstown

⑨
蒂阿瑙湖Lake Te Anau

GPS

⑮ 莫圖依卡 Day14～15
41° 02' 08.8" S, 173° 01' 06.7" E

⑯ 亞伯塔斯曼國家公園 Day16
40° 56' 06.2" S, 172° 58' 58.7" E

⑰ 尼爾森
41° 16' 15" S, 173° 17' 2" E

⑱ 凱庫拉 Day17
42° 24' 50.0" S, 173° 41' 27.1" E

⑲ 布蘭尼姆
41° 30' 53.5" S, 173° 56' 56.9" E

⑳ 皮克頓
41° 17' 21.5" S, 174° 00' 01.7" E

㉑ 庫克海峽 Day18

㉒ 威靈頓 Day19
41° 17' 34.1" S, 174° 45' 60.0" E

㉓ 羅托魯瓦 Day20
38° 08' 07.6" S, 176° 15' 14.5" E

㉔ 哈比屯 Day21
37° 52' 19.6" S, 175° 40' 58.5" E

㉕ 奧克蘭 Day22～23
36° 50' 25.5" S, 174° 44' 23.53" E

Day1～Day3、Day5基督城、Day19
威靈頓、Day20羅托魯瓦、Day22奧
克蘭都會區旅遊路線請見基督城
(P.67)、奧克蘭市區(P.149)地圖

Day 5

玩樂重點

行程 基督城(同12天行程方案 Day 9)P.52

Day 6

玩樂重點

行程 基督城 →城堡山 (同12天行程方案P.48) → 蒂卡波湖賞魯冰花 (開車約 280公里) → 牧羊人教堂觀星or約翰山天文台觀星活動 (需提早預約)

> **NOTE**
> 約翰山天文台觀星需步行上山。即使是夏天來訪，入夜後山上溫度極低，務必穿著厚外套及毛襪

交通 從基督城i-SITE途經途經Old West Coast Rd和SH 73，路程 96.6公里到城堡山，行車時間約1時26分。從城堡山出發，途 經SH 1，路程283公里到蒂卡波，行車時間約3小時31分

Day 7

玩樂重點

行程 蒂卡波一日遊

> **NOTE**
> 包括遊湖、賞魯冰花、發電廠、參觀牧羊人教堂、參加周邊地區行程，如庫克山、到湖邊曬太陽……內容非常豐富

Day 8

玩樂重點

行程 蒂卡波湖 → 普卡基湖 (藍色牛奶湖，約83公里) → 庫克山國家公園 (約32公里) → 蒂卡波湖最後巡禮

> **NOTE**
> 細節可涵蓋觀賞普卡基湖、i-SITE遊客中心裡的庫克山高山鮭魚專賣店、湖邊塔爾羊(Tahr)雕像、庫克山i-SITE博物館參觀、艾德蒙·西拉里爵士文物館、庫克山登山步道……

Day 9

行程

冰河湖半日遊行程：庫克山隱士飯店集合 → 搭冰河船遊塔斯曼冰河湖 → 隱士飯店解散用餐 → 經普卡基湖 → 特威澤爾鮭魚養殖場 (約64.2公里) → 經Clay Cliff 休息 (約27.6公里) → 旺納卡 (約162公里)

> **NOTE**
> 到庫克山隱士飯店集合後搭乘大巴前往，約14公里抵達停車場，下車後繼續健行走碎石山路到湖邊登船碼頭，約需20分鐘

交通

1. 從庫克山途經State Highway 80到特威澤爾，路程64.2公里，行車時間約43分鐘。走State Highway 8到Clay Cliff，路程27.6公里，行車時間約17分鐘
2. 走Highway 8途經Lindis Pass-Tarras Rd和State Highway 6到旺納卡，路程162公里，行車時間約2小時

Day 10

行程

旺納卡 (迷宮世界) → 胸罩護欄 (約23.5公里) → 皇后鎮 (約63.4公里)

> **NOTE**
> 抵達皇后鎮後可開始自由活動，品味冰淇淋、參加天際線三合一行程(空中纜車＋溜溜車＋Stratosfare Buffet高山景觀餐廳晚餐)等

交通

從旺納卡途經Cardrona Valley Rd 到皇后鎮，路程86.9公里，行車時間約1小時50分

Day 11

行程

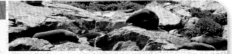

皇后鎮i-SITE (途經蒂阿瑙) → 米佛峽灣港口 (搭郵輪) → 米佛峽灣 → 皇后鎮

> **NOTE**
> 白天參加JUCY米佛峽灣郵輪一日行程活動，晚上回到皇后鎮看街頭藝人表演後，再到零下冰吧體驗極地凍飲冰磚杯調酒(切勿酒後駕車)

交通

單程車程約288公里3.5小時以上的山路，米佛峽灣瀑布群攬勝，米佛公路回程暫時停留Monkey River飲當地溪水與休息

Day 12

玩樂重點

行程

皇后鎮市區活動 → Cromwell湖畔休息(賞海鷗群) → 藍池 → 雷河瀑布(Thunder Creek Falls) → 福斯冰河小鎮 → 梅森湖散步

> **NOTE**
> 皇后鎮市區活動可前往皇后鎮花園、曲奇餅乾時光吧等地

交通

1. 從皇后鎮途經途經State Highway 6到Cromwell，路程60.5公里，行車時間約50分鐘
2. 從Cromwell路程181公里，途經State Highway 6到藍池、雷河瀑布行車時間約1小時40分
3. 從雷河瀑布經State Highway 6到福斯冰河小鎮路程170公里，行車時間約1小時55分
4. 從福斯冰河小鎮到梅森湖停車場(約5公里)，走Cook Flat Rd，開車時間5分鐘。環湖步道4.4公里，需時約1.5小時

Day 13

玩樂重點

行程

福斯冰河小鎮 → 布須曼中心 (獵人之家) → 霍奇蒂卡 → 葛雷茅斯(蒙特斯釀酒廠)

交通

1. 從福斯冰河小鎮走State Highway 6到布須曼中心，路程約108公里，開車時間1小時30分
2. 從布須曼中心走State Highway 6到霍奇蒂卡，路程約48.2公里，開車時間35分鐘
3. 從霍奇蒂卡走State Highway 6到葛雷茅斯，路程約40公里，開車時間35分鐘

> **NOTE**
> 切勿酒後駕車

Day 14

玩樂重點

行程 仙蒂鎮，同12天行程方案Day 5。P.49

Day 15

玩樂重點

行程 莫圖依卡，同12天行程方案Day 6。P.50

Day 16

玩樂重點

行程 塔斯曼國家公園，同12天行程方案Day 7。P.50

Day 17

玩樂重點

行程 凱庫拉，同12天行程方案Day 8。P.51

Day 18

玩樂重點

行程 基督城 → 三商超市購物 → 皮克頓 (馬卡娜甜點專賣店) → 庫克海峽 (夕陽美景) → 威靈頓(海港夜景)

交通 從基督城走Riccarton Ave前往Sockburn的SH 73到三商超市，路程7公里，約14分鐘到達

Day 19

玩樂重點

行程　威靈頓一日遊

NOTE
這一天走訪威靈頓景點，先看紐西蘭最大、最豐富的Te Papa博物館，參觀《魔戒》電影的人物塑形專業工作室——威塔工作室，還可造訪有如遊輪造型的克萊德碼頭，傍晚可到維多利亞山，以360°視野俯瞰威靈頓

Day 20

玩樂重點

行程　**威靈頓機場→羅托魯瓦**(波里尼西亞溫泉)

交通　威靈頓機場直達班機3～4班，飛行時間約1小時

Day 21

玩樂重點

行程　**羅托魯瓦 → 哈比屯之旅 → 庫倫公園** (地熱公園)

交通　旅遊團行程、散步

Day 22

玩樂重點

行程　**羅托魯瓦 →奧克蘭沿途公路** (沿途賞景) **→ 奧克蘭市區 → 薄麗托瑪交通轉運站** (藝術裝置) **→ 奧克蘭**

NOTE
從羅托魯瓦回到奧克蘭，可搭乘觀光巴士任你行，並可安排皇后街購物，耶誕後的Boxing Day特賣逛不完

交通　羅托魯瓦往奧克蘭長途巴士每日4班車，路程約210公里，車程約4小時

玩樂重點

行程	奧克蘭市區 (帕尼爾路與皇后街) → 奧克蘭機場 → 香港 → 台北
交通	1. 奧克蘭城市漫遊搭乘市區公車 2. 奧克蘭搭機返回台北，直達航班約14小時，從奧克蘭市區搭機場搭巴士到機場約50分鐘

準備好住的地方了嗎？寫下你的住宿計畫

地點	天數	我預訂的旅館聯絡方式
基督城	前4夜	
	後1夜	
蒂卡波	2夜	
庫克山	1夜	
旺納卡	1夜	
皇后鎮	2夜	
福斯小鎮	1夜	
葛雷茅斯	1夜	
莫圖依卡	2夜	
凱庫拉	1夜	
基督城	1夜	
威靈頓	2夜	
羅托魯瓦	2夜	
奧克蘭	1夜	

NOTE
住宿預定可參考紐西蘭遊客訊息中心i-SITE

Chapter 4 縱情紐西蘭南北島

來到紐西蘭，不要忘記走訪旅行團不會帶你去的城堡山巨石岩區，親眼見證魔戒誕生地威塔工作室的神奇，奧克蘭的藝文特區帕尼爾路；或是行家限定的甜點專賣店，種種獨特的私房體驗，讓人戀戀難忘紐西蘭之美。

南島北部

飽覽海濤奇岩與錦繡花園

地震後重生的動能，陽光下大自然的鬼斧神工，海上奔騰的釣魚樂趣，都來自這片充滿力量的年輕大地。

尋訪南島北部人文與自然激盪的火光

南島北部的海景、沙灘與礁岩令人驚豔，遊人以歐美人士居多，徒步旅行、自行車、海上活動、沙灘露營……各式各樣陽光型的活動，在這裡發光發熱。

美景當前也增進了藝術與美酒的滋長，聚集在這兒的藝術家們，自由創作著大型造景藝術、自然物創作，展示前衛新奇的服裝……羅托伊蒂湖、城堡山、基督城、阿卡羅阿……則又是另一番知性與感性的景觀。南島北部以人文藝的術精神與嶙峋的巨石怪岩勝出，等著你來發掘探索。

南島北部地圖

凱特里特里
（亞伯塔斯曼國家公園）
Kaiteriteri 12

莫圖依卡Motueka 11

WOW 博物館WOW Museum 13

14 淡菜餐廳
Mussel Pot Nelson

威靈頓
Wellington

逆風角海狗棲息地 9
Cape Foulwind Seal Colony

尼爾森湖國家公園
羅托伊蒂湖
10 Lake Rotoiti

鬆餅岩（普納凱基）
8 Pancakes Rocks
(Punakaiki)

澳豪海狗棲息地
Ohau Point
Seal Colony 15

葛雷茅斯
Greymouth 4 7

16

仙蒂鎮Shantytown 5

3 布倫納湖
Lake Brunner

凱庫拉
Kaikoura

6

霍奇蒂卡
Hokitika

2 城堡山
Castle Hill

凱庫拉至基督城路段因地震損壞，出發前請上網至www.nzta.govt.nz查閱最新的國家高速公路替代道路信息，關鍵字請鍵入「Kaikoura」

1 基督城
Christchurch

0

阿卡羅阿
Akaroa

里程數與行車時間		
0→1	81.2km	1hr.19min.
1→2	98.7km	1hr.19min.
2→3	127km	1hr.49min.
3→4	36km	34min.
4→5	11.5km	14min.
5→6	34.2km	26min.
6→7	39.4km	33min.
7→8	44.5km	38min.
8→9	60.3km	53min.
9→10	168km	2hr.13min.
10→11	101km	1hr.24min.
11→12	16.2km	22min.
12→13	55km	52min.
13→14	79.8km	1hr.48min.
14→15	145km	1hr.48min.
15→16	25.7km	21min.
16→1	181km	2hr.13min.

Christchurch
基 督 城

積極努力的動能，帶領城市邁向新生、創新的力量

樸實靜美的花園城市

GPS 43° 31' 48" S, 172° 37' 13" E

基督城有「花園城市」的美稱，基督城的植物園在南、北海格利公園內，沿著愛芬河岸上游，連成一大片盎然的綠意。然而市區內有很多建築古蹟因2011年基督城大地震的影響而坍塌，基督城的信仰中心、最古老的大教堂因此成為僅供憑弔的遺跡；但是基督城的民眾還是很快地振作起精神，以專業的要求修復許多的古蹟，並將已修復完成的建物開放參觀。

沿著TRAM復古電車路線興起的彩色貨櫃屋商城(Re:START Mall)，成為觀光與商業復甦的象徵代表之一；輕便而結實的紙教堂，也很快地完工，代替因地震被摧殘、暫時無法修復的百年大教堂，不但成為基督城居民的心靈寄託的殿堂，也成為最受歡迎的新觀光景點。

1.紙教堂清雅恬淡／
2.植物園裡美麗的花
／3.TRAM電車、貨
櫃屋商城站／4.南極
中心體驗室裡的溫度
是-8℃

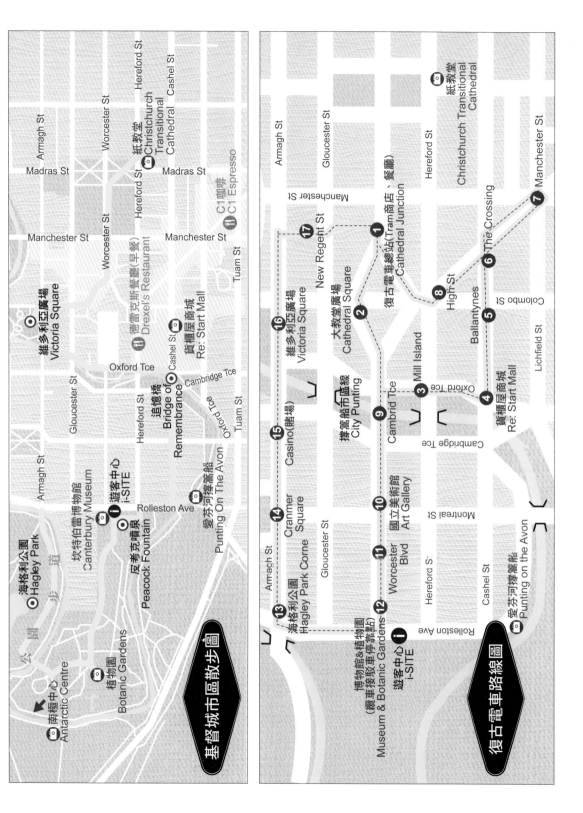

基督城市區散步圖

- Armagh St
- 海格利公園 Hagley Park
- 南極中心 Antarctic Centre
- 植物園 Botanic Gardens
- 坎特伯雷博物館 Canterbury Museum
- 反考克噴泉 Peacock Fountain
- 遊客中心 i-SITE
- Rolleston Ave
- 愛芬河撐篙船 Punting On The Avon
- Gloucester St
- Hereford St
- Oxford Tce
- Tuam St
- 追憶橋 Bridge of Remembrance
- Cambridge Tce
- 維多利亞廣場 Victoria Square
- 德雷克斯餐廳(早餐) Drexel's Restaurant
- 貨櫃屋商城 Re: Start Mall
- Cashel St
- Madras St
- Worcester St
- Hereford St
- Manchester St
- 紙教堂 Christchurch Transitional Cathedral
- C1咖啡 C1 Espresso
- Armagh St
- Manchester St
- Hereford St
- Cashel St

復古電車路線圖

- Armagh St
- Gloucester St
- 紙教堂 Christchurch Transitional Cathedral
- Manchester St
- Manchester St
- New Regent St
- 17
- 1 復古電車總站(Tram商店、餐廳) Cathedral Junction
- 16
- 維多利亞廣場 Victoria Square
- 2 大教堂廣場 Cathedral Square
- Hereford St
- The Crossing
- 6
- 7
- 8 High St
- Ballantynes
- 5
- Lichfield St
- Colombo St
- Mill Island
- 撐篙船市區線 City Punting
- Cambrid Tce
- 3 Oxford Tce
- 4 貨櫃屋商城 Re: Start Mall
- Cambridge Tce
- 9
- 15
- Casino(賭場)
- Cranmer Square
- 14
- Gloucester St
- 10 國立美術館 Art Gallery
- Montreal St
- Hereford St
- Cashel St
- 愛芬河撐篙船 Punting on the Avon
- Armagh St
- 13 海格利公園 Hagley Park Corne
- 11 Worcester Blvd
- 12
- 博物館&植物園(纜車接駁車停靠點) Museum & Botanic Gardens
- 遊客中心 i-SITE
- Rolleston Ave

基督城復古電車

GPS　43°31'50.1"S 172°38'19.8"E

基督城復古電車TRAM

搭有軌電車漫遊基督城市中心

市區漫遊，除了雙腳萬能之外，搭乘 TRAM 電車也是情趣十足的絕妙選擇。市中心多項景點均可搭乘 TRAM 前往，購買一日票可以不限次數上下車，前往市區遊覽借重電車移動，會輕鬆很多；另外還有電車餐廳，專為 10 歲以上少年及成人服務。電車餐廳只要事先打電話或者上網預約，就能坐在古老的電車裡，一邊用餐、一邊逛大街了。

> **1.**TRAM電車車票，可以讓你搭一整天的電車，周遊基督城各車站之間／**2.**電車內裝均為木頭材質，從門把到駕駛艙的座位都古色古香／**3.**TRAM編號第二站大教堂廣場前的千禧年聖杯雕塑，以及因為地震坍塌的大教堂屋頂(教堂已封閉不能進入)

DATA

🕐 夏季09:00～18:00 (9月～次年3月)，冬季10:00～17:00 (4月～8月)，每15～20分鐘一趟　💲 成人每人紐幣25元，3位5～15歲(含)以內兒童由1位成人陪伴者免票　http welcomeaboard.co.nz/christchurch-tram/ (可點選簡體中文網頁)　MAP P.67

GPS 43° 32' 02.1" S, 172° 37' 41.1" E

愛芬河撐篙船Punting on The Avon River

悠然河上緩渡輕舟

搭乘愛芬河撐篙船是觀光客飛抵紐西蘭南島後，消除時差與雙腿痠麻的最佳選項。撐篙船是一種長形的方頭平底船，頭戴平頂帽的船夫，嫻熟地為乘客們撐篙遊河。搭乘公園線路遊河，兩岸是綠草如茵的植物園，鳥語花香垂柳飄搖，就連穿著整齊襯衫、搭配雙夾背帶長褲的船夫，都能入畫般令人賞心悅目。

另有市區線遊愛芬河，想要嘗試在水面上飽覽城市風光的朋友，也不妨試試。

1.船夫撐篙行進愛芬河中乘客不亦樂乎／**2.**行船的回程，在船塢邊會有專人幫船客拍照，下船後可以在螢幕上選購。購買後照片裡會有一組序號，在6個月之內可以依照序號到網頁上下載購買的照片檔案，與同行的友人共享數位檔案／**3.**船夫撐篙行進愛芬河中乘客不亦樂乎／**4.**從愛芬河水中央看兩岸

DATA

🕐 夏季09:00～18:00，冬季10:00～16:00 💲 成人紐幣28元，5～15歲兒童紐幣12元 ➡ 公園搭乘點Antigua Boat Sheds, 2 Cambridge Terrace (TRAM第12站植物園)；市區搭乘點Worcester Bridge, Worcester Street (TRAM第9站撐篙船城市線) http welcomeaboard.co.nz/punting (可點選簡體中文網頁) MAP P.67

植物園Botanical Garden
漫步園中賞奇花異草

下午從基督城機場抵達旅館卸下行李後，可以趁著撐篙船打烊之前，乘船欣賞愛芬河畔風光，下船後再趁著天色尚明，到植物園走走，既有放鬆身心的效果，又不至於浪費了寶貴的時間。

基督城的植物園有150年以上的歷史，依四季變遷展示世界各國不同物種的植物，是以「植物博物館」的理念在經營。有一些奇妙的植物，連台灣也不常見。中央玫瑰園的玫瑰花品種繁多，深得遊客喜愛。

1.4.21公頃面積的植物園，每個區域都有截然不同的樣貌／2.可愛的花／3.100種玫瑰花品種的位置分配圖

DATA

✉ 53 Hereford Street, Christchruch (TRAM第12站植物園) ⏰ 07:00開放，但因季節而不同，閉園時間從18:30～21:00隨之變化，除耶誕節外每天開放，詳見官方網頁 ☎ +64 3 941 8999 💲 免費入場 🌐 www.ccc.govt.nz/parks-and-gardens/christchurch-botanic-gardens 🗺 P.67

GPS 43°31'59.8"S 172°38'04.2"E

重新開始商城(彩色貨櫃屋商城) Re:START Mall
百折不撓的年輕生命力

彩色貨櫃屋商城誕生於 2011 年 2 月基督城大地震之後，地震造成原本商圈大樓倒塌、還有土壤液化等問題造成重建困難，於是有人提出以彩色貨櫃屋的型態重整商區，沒想到貨櫃屋七彩繽紛的熱鬧氣息大受好評，成為觀光客必遊的人氣景點。

TRAM 沿線編號 4、5、6、8 號站 (TRAM 路線參考圖 P.67) 的 Cashel St 和 High St 之間都是購物商城的範圍。除了進駐貨櫃屋的店家外，也有不少流動攤販，貨品多樣化可供選擇。逛累了，就坐下來叫一份料好味美肉大塊的希臘捲。胃口小的人可以兩人共享一份，免得吃不完。台灣的旅客或許吃不慣紐西蘭的豬肉味道，建議點羊肉或者牛肉口味。

1. 貨櫃屋商圈街景／**2.** Dimitris的希臘捲(Greek Food)值得嘗試／**3.** 貨櫃屋商圈的裝置藝術

DATA

✉ 114 Cashel Street, 8011 Christchurch (TRAM第4站Re:START Mall) 🕐 週一～五10:00～17:30，週六～日與例假日10:00～17:00 📞 +64 21 841 472 🌐 www.restart.org.nz 🗺 P.67

GPS 43°31'56.2"S 172°38'37.2"E

紙教堂Christchurch Transitional Cathedral

生生不息的精神象徵

　　基督城在短短數月發生2次大地震，造成基督城的百年宗教信仰中心、擁有150年歷史的基督城大教堂(Christchurch Cathedral)嚴重毀損。因為重建完成之日難以估計，因此在教堂原址600公尺外建立了紙教堂。紙教堂由日本設計師坂茂設計，運用了104根直徑60公分、長16.5公尺的硬紙管做為梁柱，混搭傳統的建築材料，包括混凝土、鋼筋和彩繪玻璃等，據説可使用年限達50年。紙教堂的建立讓古蹟修復工作得以按部就班地進行，避免急就章傷害了古蹟，同時也顧及民眾精神信仰的需求。

　　紙教堂的紙管屋頂加蓋了一層不透光的環保材質。整所紙教堂待大教堂重建完工後，就要回收。台灣的埔里桃米村內也有一座紙教堂，同樣是坂茂所設計的作品。

DATA

✉ 234 Hereford St, Christchurch Central, Christchurch 8011 (TRAM第2站Cathedral Square) 🕐 夏季09:00～19:00，冬季09:00～17:00 📞 +64 3 366 0046 💲 免費入場 🌐 www.cardboardcathedral.org.nz 🗺 P.67

1.2.3.A字型的紙教堂屋頂挑高達25公尺／4.從大教堂廣場看大教堂，每個人都期待著教堂能夠復原重建

GPS 43°32'06.5"S 172°38'26.6"E

C1咖啡C1 Espresso
從屋頂蜿蜒送餐的奇妙氣動輸送管

很重要所以先提醒大家：到 C1 咖啡用餐訂位，一定要選擇 15:00 以後的時段，否則好玩的性質就少了一大半！

C1 咖啡從室內裝潢陳設、到菜單設計、到漢堡薯條的運送、到使用餐具上的黑色幽默小驚奇……無一不存在著 C1 團隊的強大創意。

用勝家縫紉機噴泉裝水喝、隱蔽的自動滑動書架後面的廁所、牆壁上的漫畫式的繪畫和彈珠台遊戲機、訂單通過真空管系統發送到廚房、特製的漢堡和捲曲的薯條也會透過真空管系統，彈射到你的座位旁，供你自行取用。

每個人都期待著被廣播點名、以及聽見你身旁的管子響起「叮」一聲，就可以起身把寫著你的名字的金屬管狀餐盒，從輸送管末端取出，然後打開餐盒享用熱騰騰的薯條和 3 種口味漢堡……。

另外還有咖啡杯上的蒼蠅，等你喝一大口咖啡就會出現；光著膀子泡在湯碗中的大叔，讓你忍不住想快快把湯喝到底一探究竟，也算是一絕。還有許多有趣的點子，等你點餐時才能發現！

1.曲折懸掛在天花板的輸送管從廚房連到客人的餐桌旁／2.C1咖啡的外觀，還真看不出暗藏那麼多玄機呢／3.縫紉機飲水器／4.裝漢堡薯條的金屬管狀輸送盒／5.喝一口咖啡蒼蠅就出現了

旅行長知識

C1 KOFE SAMOA
薩摩亞咖啡

喝C1喝咖啡，不用擔心喝到壓榨非洲大陸朋友們勞力的「血汗咖啡」，C1咖啡與薩摩亞的弱勢家庭契作產出咖啡、茶等作物，有個已進行將近10年的動人故事，請參考：
http www.c1espresso.co.nz/samoa

DATA
✉ Corner High & Tuam Streets Christchurch，150 High Street (TRAM第7站Manchester St) ⏰ 07:00～22:00，氣動菜單(Slider menu)供應時間為15:00～22:00 ☎ +64 3 379 1917
http wwww.c1espresso.co.nz MAP P.67

坎
特
伯
雷
博
物
館
・
德
雷
克
斯
餐
廳

GPS 43°31'51.3"S 172°37'38.1"E

坎特伯雷博物館Canterbury Museum
濃情蜜意的鮑魚貝殼之家

坎特伯雷博物館是一棟百年以上的歷史古蹟，一樓常設展介紹紐西蘭特有的古生物以及毛利文物，館藏文物尚可。不過最能引起話題的，卻是現代人的收藏品「弗雷德和紫薇的鮑魚貝殼之家」(Fred and Myrtle's Paua Shell House)。小屋裡整面牆掛滿了閃耀著七彩色光的鮑魚貝殼。這原本是一對老夫妻居住的房子牆上的裝飾品，在他們過世後由子孫出租給博物館、在館內還原展出。

看似粗糙礫石般的鮑魚殼，經過打磨會顯露出璀璨的藍、綠、紫色等色彩。就算是鮑魚殼的碎片，也可以鑲嵌在首飾和家飾中，是具有高經濟價值的自然物。

這滿屋子的鮑魚殼裝飾，是佛雷德和紫薇40年來的收藏品。他們對於鮑魚殼近乎癡迷的喜好，著實驚人呢！

1.半刨光、還保留著一點點海藻的鮑魚殼　／**2.**鮑魚貝殼之家／**3.**館藏文物

DATA
✉ Rolleston Ave, Christchurch 8013 (TRAM第12站博物館) 🕐 夏季(10/1起) 09:00～17:30(耶誕節不開放)，冬季(4/1起) 09:00～17:00 📞 +64 3 366 5000 💲免費入場，歡迎自由捐獻 http www.canterburymuseum.com MAP P.67

GPS 43°31'52.8"S 172°36'04.9"E

德雷克斯餐廳Drexel's Restaurant
多樣化選擇的美味早餐

無論是本地人或者觀光客都愛到德雷克斯吃早餐，因為這裡的早餐選擇多樣化，分量大又好吃。基督城僅此一家，另一家在威靈頓。

吃早餐要注意2個原則：

1. 要事先訂位，並且準時，否則你得重新排隊等很久。
2. 4個女生點3份餐最剛好，大胃王之王例外。

1.女生吃可以少點一份剛剛好　／**2.**各式各樣的早餐

DATA
✉ Westfield Mall 28 Rotherham St, Riccarton, Christchurch 8041 🕐 週一～五06:30～14:00，週六～日 07:00～14:00 📞 +64 3 343 3403 http wwww.drexels.co.nz MAP P.67

GPS 43°29'18.2"S 172°32'51.1"E

南極中心Antarctic Centre
孩子們的南極體驗館

1. 試開雪橇車／2. 現在體驗室裡的溫度是 -8℃／3. 保育員餵食小藍企鵝

　　到南極中心可以搭乘極地探險車 (Hagglund Ride) 在模擬的南極地形上行進，進入模擬極地氣候的體驗室、感受冰封世界的南極風暴，在 4D 劇院觀賞南極動物，南極探險隊裝備的展示，可愛的小藍企鵝在夜間活動，牠們之所以留在南極中心是因為身上有殘疾、或著受了傷、或者是失去親鳥照顧的雛鳥，南極中心是牠們的庇護所，兩個時段的企鵝餵食時間，可以看見許多可愛的小藍企鵝爭先恐後地跟保育員撒嬌要食物，嬌憨模樣非常可愛。

溫馨小提醒

■與哈士奇犬共度冰雪時光
　　喜歡狗狗的可選擇週六、日10:00～14:00到哈士奇犬擁抱區 (HUSKY CUDDLE ZONE)；或者 11:00，12:00，13:30三個南極風暴時間，進入極地氣候體驗室，與哈士奇犬們一起「享受」牠們最愛的冰雪時光。

DATA

✉ 38 Orchard Rd, Christchurch Airport, Christchurch 8052　🕐 09:00～17:30 (全年開放包括耶誕節)，企鵝餵食時間10:30和15:30　📞 +64 3 357 0519　💲 成人紐幣59元，5～15歲兒童紐幣29元，網路預購優惠詳網頁 www.iceberg.co.nz/prices-bookings/kids-go-free　➡ 距離基督城i-SITE (遊客中心) 11公里，開車約17分鐘　http www.iceberg.co.nz　MAP P.67

ZONE **02**

Akaroa
阿卡羅阿

充滿法國風味的優美小鎮，與設計獨特的手工藝品與肥皂

GPS 43°48'18.1"S 172°58'01.8"E

風景迷人的海灣法國小鎮

阿卡羅阿是毛利族語，意思是狹長的海灣。又因長久以來許多法國人居住此地，建築帶有濃厚的法國鄉鎮風情，所以也被稱為「法國小鎮」。從基督城往阿卡羅阿的75號公路風景優美，不過一路上山路蜿蜒，自行開車的朋友一定要小心駕駛，不要因為貪看美景而疏忽了路況。有幾個不錯的地點可以停車遠眺阿卡羅阿海灣，車子開慢一點就不會錯過這些定點了。阿卡羅阿是風景勝地，遠道而來的觀光客和愛好風帆、快艇、潛水的識途老馬均匯聚集於此，因此遊客如織，主街道的商店商品競豔、精巧可愛，但是價格也不斐。消費者可得精打細算、看清楚那些是當地才有的特色商品再出手才好。

DATA

✉ 74A Rue Lavaud, Akaroa 7520 (i-SITE) ➡ 每天早上09:00在基督城博物館和 i-SITE有French Connection公司的巴士開往阿卡羅阿，16:00從阿卡羅阿回基督城，訂票網址：www.akaroabus.co.nz 🌐 www.akaroa.com 🗺 P.65⓪

溫馨**小提醒** 🐾

■假日前往先用餐
如果是星期假日11:00左右到達，建議先找餐廳填飽肚子再行動。因為中午會有大型遊覽車載著許多亞洲觀光客前來用餐，用餐點餐都很不方便。

1.戰爭紀念館／**2.3.**阿卡羅阿的炸魚，連不喜歡炸物的人都忍不住要多吃好幾口，中午總是人滿為患／**4.**飾品店、民宿、潛水用品出租的小屋造型都超級卡哇伊

小河工藝站Little River Craft Station
獨一無二的小河鎮手工藝品

從基督城順著75號公路前往阿卡羅阿，必然會經過小河工藝站。若是喜歡獵寶尋奇的人進入店裡細看，或許就要深陷其中、久久無法自拔了。

小河工藝站銷售的藝品五花八門，包括針織服裝、陶瓷、醃漬食品、木製品、珠寶首飾、花卉、皮革製品、被子、布料工藝……款式風格跟市售的商品大不相同。因為這些商品都是在地的工藝家設計製作，融合了濃厚的小河鎮地方色彩。想買點兒獨一無二的「紐西蘭在地的手作工藝品」，不妨暫緩腳步來小河工藝站瞧瞧。

1.樸拙有趣的趣味工藝品／**2.**小河工藝站興建於1886年，原本是小河鎮火車支線的終點站。目前已轉化為在地的工藝品市集，以及遊客中心／**3.**令人好奇的懸空鐵絲網花生小屋，是可以在戶外保持乾燥的野鳥餵食器，和其他地區看見的餵食器相比，多了一分對人和動物的體貼

DATA

✉ Main Road Little River Banks Peninsula Canterbury ⏰ 夏季09:00～17:00，冬季 09:30～16:30 ☎ +64 3 325 1320 http littlerivercraft.weebly.com

1

松雪小屋肥皂Cedar Cottage Soaps
莊園式手工肥皂兼野鳥救傷中心

同樣位在75號公路旁，卻幽微隱密如桃花源般，一個連GPS都無法找到定位的私人莊園，卻是住在基督城的當地人，最愛前往探訪採購手工香皂的地方之一，有緣共同前來，自然是要帶一些不一樣的手工皂回家嘍！

DATA

✉ 2639 State Highway 75, Little River, Christchurch 7672 ⏰ 10:00～16:00，週一公休 ☎ +64 3 329 0101 http www.localist.co.nz/l/ghnnqg

1.造型香皂是遠道而來的朋友們的最愛／**2.** 八角作的香皂／**3.** 小店的名片也樸拙可愛

GPS　43°11'48.7"S 171°44'27.9"E

城堡山（巨石林）保護區
Castle Hill Conservation Area
巨石魔法陣列的山中納尼亞

　　林立的巨大怪石，給人一種被魔法圍繞的感覺，無論是人馬、有翅膀的獅子、牛頭人身的士兵……一切魔幻人物的出現都顯得合情入理。電影《納尼亞傳奇》(The Chronicles of Narnia: The Lion, the Witch and the Wardrobe)主角們與女巫的最後決戰場景，就在這巨石林前的大草原展開；而每個人站在這魔法巨石陣列之下，所能遙想的當年，竟然與納尼亞的傳說故事如此合拍！

1.4.每一塊巨岩都是獨特的唯一／2.岩頂幾乎寸草不生，但小花小草自有其堅韌的生存能量／3.遙想納尼亞當年

> ### 溫馨小提醒 🧤
>
> ■ 留存保護屬於自然的恩賜
> 1. 城堡山是私人土地，也是毛利族納塔胡部落的神聖領域，被畫為保護區與一般大眾免費共享的只是全區的一部分。保護區內沒有水源，建議還是在停車場就清理完內務，避免汙染山區為佳。
> 2. 住宿和用餐得到3.5公里外的城堡山村(Castle Hill Village)才有供應。所以進入保護區一定要記得自備水壺和行動糧。

城堡山人煙稀少、交通不便、沒有大眾交通工具可以抵達，也沒有販賣餐飲紀念品的部門⋯⋯進入保護區後，連水源都沒有。所以，亞洲觀光團多半無視於這個景點。少了觀光客鋪天蓋地的集體摧殘，再加上紐西蘭政府在這些巨石淪為建築材料之前，及早明智地將此地畫為保護區，因此才能讓這些巨大的石灰質岩石保存完好至今。

　　把車停在停車場、步行5分鐘左右，散落的巨石群就展現在眼前。如果只是順著青草坡地走，其實路況很平緩，小孩和老人家也可以輕鬆地郊遊踏青。

　　城堡山也是喜愛攀岩登高的朋友最愛的地形，只是依據原住此地區的毛利族納塔胡(Ngai Tahu)部落的習俗，認為所有突出於地面的高聳岩石都是神聖不可侵犯的，所以希望大家遵守規定，只在保護區的指定範圍內攀岩。

DATA

✉ Castle Hill 7580 Cave Stream停車場　http www.castlehill.net.nz　MAP P.65②

霍奇蒂卡

霍奇蒂卡Hokitika
西海岸的藝術小鎮

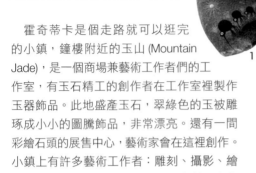

1

霍奇蒂卡是個走路就可以逛完的小鎮，鐘樓附近的玉山 (Mountain Jade)，是一個商場兼藝術工作者們的工作室，有玉石精工的創作者在工作室裡製作玉器飾品。此地盛產玉石，翠綠色的玉被雕琢成小小的圖騰飾品，非常漂亮。還有一間彩繪石頭的展售中心，藝術家會在這裡創作。小鎮上有許多藝術工作者：雕刻、攝影、繪畫、精工……有吹玻璃、雕刻、木製品和陶藝作品可以欣賞。

霍奇蒂卡是裝置藝術者的創作天堂，無論市內、海邊，都充滿了藝術氣息。每年1月底舉行的海灘裝置藝術創作比賽，吸引了無數藝術創作者加入。夏天，霍奇蒂卡的海邊將會熱鬧非凡。

1.2.3.5.T石頭彩繪工作室的創作者William Seyn依據石頭上不同的紋路構圖，彩繪Q版Kiwi鳥和毛利族圖騰，另外也有拿海邊漂流木做成的自然創作物，以紐西蘭自然和人文為主體的作品呈現令人眼睛一亮／
4.雕塑藝術節還沒到，霍奇蒂卡海灘上已經有漂流木建造的「HOKITIKA」在向遊客們招手了

2   3

資訊補充站

■漂流木與沙藝術節
 Driftwood and Sand
　從2003年開始，每年1月最後一週，霍奇蒂卡海灘舉辦「漂流木及沙灘雕塑藝術節」，參加者可以使用在海灘上發現的任何素材進行創作，獲勝者將贏得獎金。有機會、有興趣的人都可以前來共襄盛舉。歷年創作作品可參考網頁：www.driftwoodandsand.co.nz/gallery

■玉山(Mountain Jade)
　鐘樓後方的這棟商場兼藝術家工作室是棟綠色小屋，相當容易辨認。

✉ 30 Tancred Street
🕐 08:30～17:00，只在夏季10～次年4月營業

4

DATA
✉ 36 Weld St, Hokitika 7810 (i-SITE)　📞 +64 3 755 6166　http hokitika.org
MAP P.65⑥

5

GPS 42°27'13.4"S 171°12'27.8"E

蒙特斯釀酒廠
Monteith's Brewing Company

參觀之意在啤酒

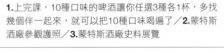

葛雷茅斯 (Greymouth) 的蒙特斯酒廠，歡迎你找三、五好友一起來參觀製酒過程，上完課就可以免費任選 3 種口味的啤酒，在餐廳裡坐下來慢慢品嘗。也可以直接在附設的酒吧裡點餐和飲料，有適合 18 歲以下孩子的飲料和點心可以選用。

1.上完課，10種口味的啤酒讓你任選3種各1杯，多找幾個伴一起來，就可以把10種口味喝遍了／**2.**蒙特斯酒廠參觀護照／**3.**蒙特斯酒廠史料展覽

DATA

✉ 58 Herbert St Greymouth 7805　☎ +64 3 768 4149　🕐 11:30～19:00，Monteith Brewery Tour場次11:30、15:00、16:30、18:00　http www.monteiths.co.nz

仙蒂鎮

仙蒂鎮Shantytown

歷史小鎮實地體驗淘金樂

小鎮在19世紀發現了金礦湧入人潮，成為淘金小鎮。淘金熱潮消退後，經過當地人自行整理規畫，保留蒸氣火車、淘金工具、礦坑、30棟小城建築和2條主街道，成為一個實際探索體驗西部淘金風潮的博物館小鎮。

搭乘蒸氣火車開到鋸木廠和市中心後折返，到小鎮的中心參觀後，鄰近的Discover Chinatown，完整保留呈現一個來此淘金的中國人礦工家庭。感覺上，這一區其實還更像名符其實的「Shantytwon」呢！

仙蒂鎮很明顯的就是讓爸爸媽媽，帶著還在讀小學的孩子來參觀的「19世紀文物和建築史」文物館，可是似乎我們這些大人，玩得比小朋友還要開心……這是因為南島長途旅行開車多日，葛雷茅斯正是一個適合「大休息」的中繼站；同時，格雷茅斯也是有名的「阿爾卑斯號高山火車」的終點站，從這裡可以穿越南阿爾卑斯山到基督城，因此旅遊人氣極高。仙蒂鎮離格雷茅斯不遠，剛好是個既能放鬆休息、又可以找回童心的有趣小鎮。

溫馨小提醒

■建議一早抵達中午前離開

　夏天的西海岸很炎熱，仙蒂鎮的市中心幾乎沒有樹蔭遮陽，建議搭乘早班火車前往，逛到中午之前就可以離開。

DATA

✉ 316 Rutherglen Rd, Rutherglen, Greymouth 7805　🕐 08:30～17:00，耶誕節休息。園區蒸氣火車首班09:45，末班16:00　📞 0800 742 689(紐西蘭境內免付費電話)　💲成人紐幣33元，5～17歲兒童紐幣16元，其他優待詳官網解説　🌐 www.shantytown.co.nz　🗺 P.65⑤

1.火車停靠的第一站，保育類的紐西蘭秧雞(Weka)成鳥就現身了，牠們膽大好奇而且喜歡閃亮亮的東西，難怪會跑來看黑得發亮的火車／2.3.搭火車了／4.礦坑遺跡／5.仙蒂鎮之「裝很大」／6.別懷疑，蒸氣火車就是要走這一條長草的軌道／7.仙蒂鎮的糖果店(不是展品，是真的可以花錢買的)

GPS 42°27'02.4"S 171°12'44.7"E

諾亞方舟背包客棧
Noah's Ark Backpackers

沒有房門號碼的背包客棧

諾亞方舟背包客棧原本是一個古老的修道院，往昔葛雷茅斯小鎮被洪水淹沒時，居民到此作為避難所，這是諾亞方舟命名的由來。這裡的客房沒有房號，而是以登上諾亞方舟、逃過洪水劫難的動物們命名。諾亞方舟鄰近火車站和超市，有女性專用共享的房間、露營場和免費停車場，是個相當划算而且舒適的背包客棧。

DATA

✉ 16 Chapel Street, Greymouth 7805　🕐 櫃台人員服務時間為08:00～14:00、16:00～20:30　📞 0800 662 472 (紐西蘭境內免付費電話)，電話/傳真 +64 3 768 4868　🌐 www.noahs.co.nz

鬆餅岩（普納凱基）
Pancake Rock (Punakaiki)
從西海岸底長出來的大鬆餅

從葛雷茅斯到西港(Westport)這一段101公里長的海岸公路，是全紐西蘭最壯闊的海景公路，布滿了巨型石灰岩層的普納凱基，正好位於這段公路的正中央。

到普納凱基自然就是要看鬆餅岩、噴水洞(Blowholes)……別忘了還要吃鬆餅。

鬆餅岩的石灰岩層是30億年前形成，因為地震才從海底升出海平面；至於要看噴水洞噴水，得要配合滿潮的時間前往，才能享受到最滿意的視聽效果。想要看參觀噴水洞的盛大演出，詳洽遊客中心。在西海岸公路上，海岸和公路的高度落差不大，坐在車內就可以欣賞美麗的海景。請靜靜地看……千萬別睡著了。

DATA
✉ 4294 Coast Road Punakaiki, RD1 Runanga, West Coast 7873 (i-SITE) ☎ +64 3 731 1895 http www.punakaiki.co.nz，看噴水洞噴水需查潮汐時間表：www.metservice.com/marine-surf/tides/westport MAP P.65⑧

1.吃完鬆餅，再看鬆餅岩／2.其實，叫做千層派也不錯啊／3.玩親親的鬆餅岩

尼爾森湖遊客中心
Nelson Lakes DOC Visitor Center
浩瀚優雅的羅托伊蒂湖

尼爾森湖在尼爾森湖國家公園的森林深處,但尼爾森湖遊客中心前那片世界知名的湖畔景色並非尼爾森湖,而是羅托伊蒂湖 (Rotoiti Lake)。這個有點繞口令的關係,幾乎讓看著 GPS 導航的人丈二金剛摸不著腦,羅托伊蒂/尼爾森湖遊客中心為此特別製作一個網頁說明了實際地址。

湖邊的 Hukere 澗橋 (Stream Bridge),冬季會因為結冰濕滑而拆除,夏天才會更換新的澗橋。

温馨**小提醒**

■ 穿長袖衣物不怕蟲咬

羅托伊蒂湖的小黑蚊非常多、非常嗜血;但是這裡有個規定,不能使用殺蟲劑和捕殺蟲子的用具。所以,怕蟲叮的⋯⋯穿個長袖長褲來吧⋯⋯。

1.湖畔有非常多車子,是直接載著遊艇來游湖的/**2.**從羅托伊蒂湖的澗橋遠望湖面及山谷,感受讓身心平靜的氛圍

DATA

✉ Nelson Lakes Visitor Centre, View Road, St Arnaud, Nelson, 7053 ☎ +64 3 521 1806 http goo.gl/UHC7mU MAP P.65⑩

ZONE **03**

Motueka
莫圖依卡

金色沙灘的燦爛，自然奇石的神妙，讓小鎮時光悠閒而浪漫

凱特里特里沙灘Kaiteriter Beach
在金色沙灘戲水日光浴

　　抵達莫圖依卡(Motueka)的時間是中午，有點兒猶豫要不要依行程規畫去海灘玩水。考慮到紐西蘭夏天的陽光會持續照耀至晚上20:00，因此決定16:00再去凱特里特里海灘，順便探勘隔天一早要搭船出遊塔斯曼海的快艇售票處。

　　換上泳衣才發現，太陽光線雖然柔和，可是海風一

吹，體感溫度卻低得讓人發抖，和台灣夏天16:00的海灘可大大不同！還好水面以下還是暖的……若有機會再來，還是改成15:00以前就來吧！

> **旅行長知識**
>
> ### 交通警察出動
>
>
>
> 　　紐西蘭的馬路上幾乎難得見到交通警察。原來是莫圖依卡到塔斯曼國家公園之間的一處莊園酒吧正在舉辦狂歡派對，因此警察出動臨檢酒駕了。

有戶外曬衣場的旅館

莫圖依卡的馬術汽車旅館(Equestrian Lodge Motel)環境獨立，走路到市區約10分鐘。房間、泳池和廚房設備都令人滿意；最棒的是這裡有個「超級曬衣場」。把曬衣服當成重要的大事，給予房客最顯眼的室外曬衣空間，讓曬衣服也成為一種享受，真好！

http www.equestrianlodge.co.nz

DATA

✉ Kaiteriteri-Sandy Bay Rd, 7197　http www.newzealand.com/int/kaiteriteri　MAP P.65⑫

GPS 41°04'46.6"S 173°00'05.1"E

湯瑪斯兄弟櫻桃和真水果冰淇淋專賣店
Thomas Brothers Cherry and Real Fruit Ice Cream Stall

新鮮櫻桃吃到飽！

在莫圖依卡的街道上閒晃，看見櫻桃1公斤10元的宣傳紙卡，於是連續3天，平均1人吃了1公斤櫻桃。開車前往尼爾森經過「真水果(Real Fruit)冰淇淋店」時，立刻停車下馬，又嗑了一支「真櫻桃冰淇淋」。

> **1.**莫圖依卡街頭的新鮮櫻桃便宜賣／**2.**點個櫻桃冰淇淋來嘗嘗／**3.**店面不大卻是人潮洶湧

DATA

✉ 484 Main Road Riwaka, Motueka, Nelson 7198　🕐 週一、二休息，週三～日10:00～16:00　📞 +64 274 717 580　http m.facebook.com/thomasbrosfruitstall

亞伯塔斯曼國家公園Abel Tasman National Park

海上周覽國家公園勝景

塔斯曼國家公園以美麗的金色沙灘聞名,單是看過這顆被切了一半的大蘋果(Split Apple Rock)的大自然鬼斧神工,就覺得值回票價。

蘋果石在凱特里特里和馬拉豪(Marahau)之間的水域50公尺左右,看第一眼,你會聯想到花果山頂上受到天地化育的石卵(後來蹦出了孫悟空)?還是漂流在河上的大桃子(後來跳出來的是桃太郎)?毛利人說這是兩位神仙爭著要這顆巨石,才用神力把它給分成兩半的。

搭乘Sea Shuttle可在國家公園四周繞一圈,讓坐在船內兩邊的人都很清楚的看見蘋果石的樣貌;也有乘客搭乘較小的遊艇,可以用很近的距離看它;只是個人認為,搭這樣的小船雖然靠得很近,可能反而看不到全貌吧!

資訊補充站

多種活動可以選擇

從馬拉豪(Marahau)海岸到安克雷奇(Anchorage)海岸有步道可以抵達包括Apple Tree Bay三個海灘,總長度為12.4公里,約需4小時可以走完全程。也可以選擇搭船到某個海灘營地露營,然後散散步,再搭船回凱特里特里。

1.不同的海灣有不同的風情，從海上看海灣，更興起了想要去走走、去露營的念頭啊／2.要遠觀還是近看，可得先想好要搭乘哪一種交通船／3.從凱特里特里搭乘10:30的Sea Shuttle到Medlands Beach海灘下船，轉搭11:30回程的接駁船回凱特里特里，需時約2小時

DATA

+64 3 546 9339 (莫圖依卡i-SITE) http www.motuekaisite.co.nz MAP P.65⑫

WOW和老爺車博物館

WOW和老爺車博物館
World of WearableArt™ and Classic Cars Museum (WOW)
時裝藝術與老爺車的經典展演

WOW博物館展出的服裝、影片，以每年舉辦的「世界服裝藝術大賽」(The World of WearableArt®簡稱WOW®)得獎作品為主。

WOW® 9月下旬到10月上旬在威靈頓舉行，和一般的服裝界模特兒走秀不同，這可

說是一場「人體的裝置藝術」比賽——在舞台上透過燈光、音樂、特效和舞蹈，藝術家運用服裝及配件，把模特兒裝扮成活動的裝置藝術品，在特定的主題情境下走秀。

整個秀場表演，即使只是透過劇場電影院播出影片，效果也是極為震撼人心的！WOW博物館把參賽的優秀作品集中在展演廳中，以參賽現場的樂曲、轉動的舞台、充滿戲劇張力的燈光背景，陪襯這些充滿奇思妙想的人體裝置藝術品，令人目眩神迷。

老爺車博物館呈現了100年來的經典手工車歷史，蘊含特殊功能和工藝設計的呈現。它的位置在看完WOW的展示場後，穿越一

1.4.WOW主題展示區的作品／2.WOW展示廳一景／
3.老爺車博物館的展示品／5.廁所是使用者的秀場

個廊道就到了。

　　除了本館之外，後棟的建築裡也有許多老爺車陳列其中，但是並沒有詳盡的解說。和WOW博物館相比，老爺車博物館只能算配角的性質，在布置陳列上也很普通。不過，熱愛經典款老爺車的人或許不會在乎這些外在的陪襯，畢竟老爺車體本身的功能和造型設計，就很吸引人了。

DATA

✉ Cadillac Way, Annesbrook, Nelson 7011　🕐 10:00～17:00 (請上網留意每年策展換展的休館訊息)　📞 +64 3 547 4573　💲 成人紐幣24元，5～14歲兒童紐幣10元　http www.wowcars.co.nz　MAP P.65⑬

GPS 41°16'43.1"S 173°46'01.8"E

淡菜料理餐廳

淡菜料理餐廳
Mussel Pot Nelson
沒預約享受不到的鮮美淡菜特色餐

從WOW博物館到凱庫拉(Kaikoura)有243公里的路程的需要趕路，可是為了要吃到Mussel Pot Nelson餐廳的特色料理，依然專程停留此地等候用餐，為的是餐廳主人尊重生態環境四時變遷的態度(盡可能使用當地的、新鮮的有機農產品)，與對於淡菜料理執著的熱情。

因為接連著打電話都沒有人接聽，決定直接前往餐廳候位。很幸運的，餐廳還有剩下一些備料，可以供給我們5個人用餐，於是在等了1個小時左右，終於等到空位可以用餐，才能吃到這季節限定的淡菜料理。

除淡菜之外，餐廳也提供各式紐西蘭海鮮、漢堡、麵食、無麩質和素食餐點。只不過，若是不敢吃淡菜，那來這裡用餐的意義為何呢？

1.淡菜＋薯條＋白酒＝絕配／2.屋頂的卡通造型淡菜是可愛的地標

DATA

✉ 73 Main Rd, Havelock 7100 🕐 1.提供午餐和晚餐，新鮮淡菜必須先行準備，要打電話預約訂餐(1月、2月是旺季，盡量避開12:30～14:00之間來電以免沒人接電話 2.餐廳保證開放時間為每年9/5至次年6/5 (新鮮淡菜季節限定) 📞 +64 3 574 2824 http www.themusselpot.co.nz MAP P.65⑭

凱庫拉(凱庫拉海釣之旅)
Kaikoura (Kaikoura Fishing Tours)

跟著捕龍蝦船去釣魚

　　凱庫拉是東海岸的漁港，有非常豐富的海洋生態資源，也因此愛吃魚的鯨豚、企鵝、信天翁、海鷗等也經常會出現於此。到漁港可搭乘龍蝦船去海釣——原本以為可以釣到小龍蝦，後來才知道當地抓龍蝦是要放誘捕籠子到海上的定點，請君入甕之後、再去把小龍蝦撈起來。

　　船先開到前一天下誘捕籠的定點，船員把蝦籠拉上船來檢查。蝦籠上方有一個很大的開口，籠子裡有2個橘紅色、筒狀，裝了魚骨和碎魚肉的誘餌罐，小龍蝦從鐵籠上的大開口進入鐵籠後就出不來了，直到被船員們拉上船。每個鐵籠裡都有4、5隻小龍蝦，船上的鐵槽很快就被裝滿了。

　　按照紐西蘭漁業條例規定，捕獲的小龍蝦若是身長未達標準、或者已經抱卵的，必須放回大海。船長嚴格執行規定，這才是漁業資源可以永續經營的聰明作法。

　　龍蝦多又大，船長終於宣布，每個人都可以分得1隻龍蝦帶走，但是因為漁業條例也規定，非船務人員不可捕抓龍蝦，所以我們必須

溫馨小提醒

■上船海釣又怕暈船怎麼辦？

　　海釣讓人又愛又怕，2個小時的航程暈船嘔吐3次以下的，都不算丟臉。海釣活動的前一天不要熬夜、上船前半小時乖乖吃下暈船藥就別再吃東西，還有，在船上別滑手機，較不容易暈船。

凱庫拉

做一點船務工作：把龍蝦的尾巴剪掉一片，這樣可以避免我們把龍蝦拿去賣了。這到底是船長在開玩笑、或者真的是法條的解套方式，無法查證。總之，大家照做就是啦！

到了選定的海釣下竿點，沒等太久浮標就有了動靜，輕鬆的程度簡直讓人懷疑，是不是船長預先派人在海底放了很多肚子很餓的魚啊？歷經2小時的海釣旅程，每個參與者可以分到1隻龍蝦和2條魚。漁獲不提供保冰設備，船長介紹了附近可以烹調新鮮魚貨的店家；也可以選擇到附近的便利商店買冰塊保存漁獲自行料理。

 資訊補充站

出海一定有漁獲？

出海的漁船船身10公尺，可提供2小時的短程釣魚活動，和一整天的深海釣魚活動，海釣的收穫需視天氣和魚況而定，但是一般而言，因魚影密集，都會有漁獲可以讓參加行程的人帶回家。

旅行長知識

奇妙又有趣的免付費電話

第一次看見海釣公司在官網附上的紐西蘭境內免付費電話是0800 2 HOOK UP的時候愣了一下，這個代表魚鉤的英文字是怎麼一回事？原來它要從按鍵電話來對照解碼的。

紐西蘭有很多公司都會依據與公司相關的英文單字，選擇對照的鍵盤號碼來幫助消費者記憶也順便打廣告。現在你知道Kaikoura Fishing Tours公司的電話號碼了嗎？（以上資訊感謝Jacky Sung提供）

1.凱庫拉停船碼頭附近的海岸風光／2.釣到魚啦／3.4.抓到好大的小龍蝦，可以剪尾巴了

DATA

✉ 204 Esplanade, Kaikoura 7300 ☎ +64 27 524 5687，0800 2 HOOK UP(0800 2 4665 87，紐西蘭境內免付費電話) http www.kaikoura-fishing-tours.co.nz MAP P.65⑯

凱庫拉地震，出發前請先確認交通

2016年11月中紐西蘭南島東海岸發生淺層大地震，凱庫拉是大地震的主災區，海底有許多巨大的岩石隆起，整個地區的地形、地貌都發生極大的變化，該區住宿與海上活動暫時不受影響，但是東海岸1號公路南段受損嚴重，行前要注意替代道路交通規畫。如果前往時仍未恢復正常通車，可以考慮走替代道路70號公路。

可能會有交通管制，請務必至少在前往凱庫拉的前一天，先以電子信箱EQSHRoadInfo@nzta.govt.nz聯繫，或者撥打0800 44 44 49申請登記放行通過時間，並嚴格遵守道路指示牌和速度的限制。

出發前請上網www.nzta.govt.nz查閱查閱最新的國家高速公路替代道路信息，關鍵字請鍵入「Kaikoura」。

由於凱庫拉是南島重要的鯨豚觀賞地區，錯過可惜。所以，12天旅遊計畫的Day8，也可考慮提前至到達基督城後的Day2前往凱庫拉，在凱庫拉多住一天再回基督城，把基督城的行程挪到Day4和Day5，然後前往城堡山，接續原本Day4的行程。Day9享用過淡菜大餐後，到尼爾森住宿，隔天到尼爾森機場搭飛機到奧克蘭，繼續Day10的行程。

或是刪除凱庫拉的行程，改到23天計畫中Day2～Day4之間的阿卡羅阿進行一日遊。

GPS 41° 16' 43.1" S, 173° 46' 01.8" E

澳豪海狗棲息地
Ohau Point Seal Colony (Ohau Point Look Out)
東海岸1號公路上的海狗家族

位於東海岸的1號公路都是岩礁地形，有多個紐西蘭海狗(kekeno)家族聚集在岩礁上曬太陽，並且發出有點兒像小狗(或者綿羊)的叫聲；如果夠幸運的話，也可以看到鯨豚等海上哺乳類動物，建議帶著望遠鏡，會看得更清楚。

> **1.**在公路邊就可以清楚聽見海狗們的叫／**2.**公路圍欄上有明顯的標示牌Ohau Point Seal Colony，提醒你準備找停車位看海狗／**3.**海狗身邊像是皮革之類的東西是紐西蘭的巨型海帶，也被稱為公牛海帶(Bull Kelp)

DATA

✉ SH 1, Half Moon Bay 7371　📶 goo.gl/f10Sz9　🗺 P.65⑮

南島南部

震撼心靈的冰河山川

航向冰河湖與峽灣美景，摒息在藍色牛奶湖畔，純淨富饒的城鄉動靜皆宜，景不醉人人自醉。

走入南島南部山河交錯的自然奇景

位於南半球的紐西蘭，越往南走越冷。庫克山坳終年不化的冰層，總是微微透著藍光——那些都是數百年來不曾融化的積雪結冰、又被一年復一年的新雪覆蓋、擠壓後形成的高密度冰層。搭乘小艇遊冰河，或者健行、搭直升機到山頂看冰川，成為居住在亞熱帶地區的遊客最嚮往的行程之一。

蒂卡波湖水的顏色呈現帶著奶白色的土耳其藍，普卡基湖顯得波光激灩、令人目眩神迷，有「藍色牛奶湖」的絕妙美稱。春夏遍地盛開的魯冰花是南島一大特色，但是鮮少遊客知道紐西蘭政府為魯冰花傷透腦筋。

南湖地區(Southern Lakes)的皇后鎮和旺納卡，除了風景秀麗，也因為季節變化而吸引著不同的極限運動、冒險活動好手們聚集。峽灣區可以搭乘遊輪，親身體驗「飛流直下三千尺」、瀑布直落深不見底峽灣的感動。茂密的原始雨林和山脈緊密相依，雄偉的花崗岩山峰，依然保有千年以來的容顏未改……紐西蘭人樂見遊客餵食湖邊海鷗，但嚴禁餵食山中野生動物卻是所有人的共識，其中對於野生動物與人類互動的尺度拿捏，值得我們細細思索。

(註)霍奇蒂卡(Hokitika)詳見
南島北部風情(P.80)

霍奇蒂卡 13
Hokitika

南島南部地圖

布須曼中心 12
The Bushman's Center

14 城堡山
Castle Hill

福斯冰河小鎮 11
Fox Glacier

荷馬隧道
Homer Tunnel

庫克山國家公園Mt Cook
4

1 基督城
Christchurch

查森溪谷
The Chasm

猴子溪
Monkey Creek

2 蒂卡波湖
Lake Tekapo

特威澤爾 5
Twizel

3 普卡基湖
Lake Pukaki

米佛峽灣
Milford Sound

6 旺納卡Wanaka

9

20 18

19

7 迷宮世界Puzzing World

諾伯平台 17
Knobs Flat

10 胸罩護欄Cardrona Bra Fence

鏡湖 16
Mirror Lake

8 皇后鎮
QueensTown

15

蒂阿瑙湖
Lake Te Anau

里程數與行車時間

1→2	227km	2hr.47min.
2→3	48.6km	32min.
3→4	49km	33min.
4→5	56.5km	38min.
5→6	183km	2hr.10min.
6→7	48.2km	38min.
7→8	87km	1hr.48min.
8→9	304km	4hr.25min.
9→10	320km	4hr.17min.
10→11	282km	3hr.19min.
11→12	109km	1hr.30min.
12→13	48.4km	35min.
13→14	178km	2hr.22min.
14→1	95.9km	1hr.18min.

ZONE 01
Glacial Flour
冰川堰塞湖區

隱藏山巔的美麗湖水，於靜謐中暢享的無上美感

GPS 44°00'17.5"S 170°28'36.9"E

蒂卡波湖與善良牧羊人的教堂
Lake Tekapo & Church of The Good Shepherd
不可錯過的南島美景，濃妝淡抹皆宜

　　沒有到過蒂卡波湖，就等於沒有來過南島。受高山湖畔美景的吸引，許多來自世界各國的新人，會在半年之前預約、選擇蒂卡波湖畔花園和善良牧羊人教堂，作為舉行婚禮的場地。不論晴天、雨天、日出、日落、甚至星空高掛的深夜，蒂卡波湖都值得前往，一親芳澤。

　　「人間淨土」是為山色空濛的蒂卡波湖設定的形容詞。在陰雨天，濛濛水氣刷洗去空氣中的熱度，也為湖畔帶來清靈舒爽的氣息。晴空萬里下的冰川堰塞湖，折射閃耀出土耳其藍的水色、敢與繽紛亮眼的魯冰花爭豔。

　　「青春正好」是以水光瀲豔的蒂卡波湖為底本描摹的風景畫。

1. 蒂卡波湖的善良牧羊人教堂／**2.** 蒂卡波湖因為陽光反射更顯動人／**3.** 純淨自然，蒂卡波湖有如「人間淨土」般空靈

4

感念在這廣大的盆地草原裡,協助牧羊的牧羊犬而設立的。

如果天氣晴朗,教堂外就是絕佳的觀星場所,記得戴上毛線帽,就算是夏天,至少也得穿上輕羽絨,或者防風保暖的外套才行唷!(夏天夜間溫度在5℃以下)

善良牧羊人的教堂空間很小,可是面對聖壇前唯一的一扇窗,卻盡收蒂卡波湖的山色水光,把一整個蒂卡波湖和南阿爾卑斯山,都吸納進來。週日16:00是信徒做禮拜的時間,會在聖壇下方吊掛起一面告示牌,提醒請勿拍照。

教堂附近有一座牧羊犬的銅像,是當地人

5

4. 世界上最美的一扇窗/5. 牧羊犬的銅像

DATA

☎ +64 3 443 1233　🕐 善良牧羊人教堂:夏季(10月～次年4月) 09:00～17:00,冬季(5月～9月) 10:00～16:00 (大雪可能導致教堂無法開放)　http 蒂卡波湖laketekapountouched.co.nz,善良牧羊人的教堂www.mackenziechurch.org.nz 🗺 P.97②

GPS 43°59'06.6"S 170°27'52.0"E

約翰山天文台Mt John Observatory
迎風笑看蒂卡波湖

約翰山天文台是蒂卡波觀星的最佳地點之一,日間可鳥瞰蒂卡波湖全景。山頂風勢強大,記得站在天文台旁時,站穩你的腳步,並務必牽好你的小孩。

在背風坡躲太陽,或是在山頂唯一的咖啡店嘗咖啡,都是優閒的享受。除了耶誕節之外每天開放,15:30之前供餐,之後仍供

應飲料和蛋糕。上山後要注意當日現場規定的下山時間,管制口的鐵門會準時上鎖,別輕易嘗試遲到的滋味喔!

觀星必須事先預約導覽,除了查詢官網訊息,Astro Café 在 Facebook 粉絲團也有即時訊息更新,比網頁上更快速正確。

1.從天文台的背風坡鳥瞰蒂卡波湖/2.約翰山大學天文台

DATA

🕐 管制口開放時間09:00～18:00,關閉時間每日不同,請留意當天公告　☎ +64 3 680 6007 (Astro Café)　http laketekapountouched.co.nz、www.facebook.com/astrocafenz/

1

2

ZONE
01
冰川堰塞湖區

布克蒂卡波度假民宿

布克蒂卡波度假民宿Book Tekapo Holiday Homes
探索紐西蘭家居生活民宿

有一種很想在這個民宿裡長住下來的感覺。

Sam's Place 是一棟可在開放式餐廳和廚房欣賞南阿爾卑斯山的「紐西蘭家庭式獨棟平房」，它屬於 Book Tekapo Holiday Homes 的 22 間形式和服務規格都不盡相同的住房之一。Book Tekapo Holiday Homes 的經營模式，有點像多位屋主找了共同的經紀公司，把自家的度假小屋「短租」給觀光客使用。會有這種感覺是因為在房子裡嗅不出一般商業民宿的氣息，而是更隨性的、接近「朋友出遠門，把自己的家借給你住」的氛圍。

住房附近有小小的購物中心，可就近欣賞蒂卡波湖的夕陽餘暉，開車轉往附近的山林小徑，沿途還能看見許多野兔跑跳躲藏。在蒂卡波的住所，室內室外都充滿了驚喜。

Sam's Place 的住房最多可以住 7 人，若平均分擔兩天的費用約合新台幣 2,072 元，跟台灣的旅社房價相比，總覺得物超所值哪！

1. 不論是坐在餐桌前面、站在流理檯前調理食物或者洗碗，千百回也不會厭倦／**2.3.** 房門外劈的柴，就是要給這個壁爐使用

溫馨小提醒 💕

■蒂卡波湖活動相關建議

1. 蒂卡波湖的人口數不到500人，可是到了週末假日的入住人數會爆增為2、3倍(都是觀光客)，若避開假日來此，會更加舒適清幽。
2. 善良牧羊人教堂婚禮只開放週三與週六舉辦，預約網址：www.tekapotourism.co.nz/weddings.html
3. 約翰山天文台晚上觀星必須事先預約導覽才能入山(注意保暖！)又，因為安全考量，8歲以下兒童不能參加，建議改參加考恩天文台的家庭觀星活動。參考網址：www.earthandskynz.com，可點選中文頁面。
4. 有花粉過敏症，以及鼻子眼睛容易過敏的人，賞花前得做好抗過敏措施，魯冰花很容易引發眼睛紅腫、鼻水流不停等過敏症狀。

DATA

✉ 4 Simpson Lane, Lake Tekapo (辦公室)　📞 +64 3 680 6609　🌐 www.booktekapo.co.nz

旅行長知識
魯冰花 Lupins，最美麗的難題

魯冰花11月盛開，不過，12月的蒂卡波湖畔還是有大量的魯冰花群，可以滿足遊客們拍照合影的心願。

可惜，紐西蘭政府環境部門已經開始著手計畫性地撲滅魯冰花了！

魯冰花是一種高大、生長密集的多年生強勢植物。它被英國人帶來紐西蘭培育，很快地從花圃散布到野外，鋪天蓋地覆蓋住河床、河岸、草原、公路兩旁毫不留情地奪走紐西蘭野外原生物種的生長，植物的生長和棲息繁殖地，造成多種當地物種的生存困難。

撲滅魯冰花的計畫不一定會成功，但是應該會壓制魯冰花的成長空間，所以，想看魯冰花的人，要趁早喔！

普卡基湖Lake Pukaki
蕩漾起伏的山中藍寶石

　　湛藍的普卡湖水被奶白色的冰磧岩石粉末調和過，被形容成藍色牛奶湖，與紐西蘭最美的湖泊。大片雲朵湧動飄過豔陽高照的湖面時，整片湖水變幻著不同深淺層次的藍。這奇幻的中土世界景象，讓許多站在湖邊的人對著湖水發呆，想必都被湖水多變的色彩給蠱惑了吧！

　　遊客中心位於普卡基湖畔，不過，庫克山高山鮭魚專賣店的新鮮鮭魚生魚片，才是這座小屋的主角。買一盒現場吃，你會慶幸沒有錯過它！

> **1.** 雄塔爾羊 (Tahr) 銅雕／**2.** 不斷變換色彩層次的普卡基湖／**3.4.** 庫克山高山鮭魚生魚片有令人驚豔的口感 **5.** 位於特威澤爾的 High Country Salmon 的鮭魚養殖場名氣很大，除了可以吃到新鮮鮭魚，也可以免費取食餌餵食圈養的鮭魚

DATA

✉ (i-SITE遊客中心) SH8, between Tekapo and Twizel, 特澤威爾北邊10公里　🕐 如天氣允許，遊客中心營業時間是08:30～17:30，耶誕節休息，12/26 Boxing Day 09:00～17:30，1/1元旦10:00～17:30　📞 普卡基湖+64 3 435 3280，遊客中心+64 3 435 0427　http 普卡基湖www.newzealand.com/in/pukaki，高山鮭魚專賣店alpinesalmon.co.nz　MAP P.97③

資訊補充站

High Country Salmon鮭魚養殖場
地址：SH8 Twizel 7901
電話：+64 800 400 385(紐西蘭境內免付費電話)
時間：冬季08:00～18:00
網址：www.highcountrysalmon.co.nz

Mount Cook 庫克山

瞭望雄偉山勢，探索冰川浩瀚，登山親山感受自然之美

奧拉基／庫克山國家公園遊客服務中心
Aoraki／Mount Cook National Park visitor centre

世界級的遊客中心

庫克山太迷人，愛爬山的人會覺得待在這裡十天半個月也不夠，遊客服務中心除了辦理各種活動的報名手續，也以展覽形式幫助遊客了解這廣闊的山脈。大廳 1F 和地下 B1 展示山系地質、登山史、原生動植物昆蟲標本、原民服裝等，豐富而且精緻，值得細看。

庫克山原名「奧拉基」，是毛利族要那塔部落 (To Ngai Tahu) 最神聖的祖先之名。紐西蘭議會通過原民部落居住的範圍地區名稱，都以毛利語／英語雙語呈現，不過為了節省篇幅，本篇介紹還是以庫克山為代稱。

撩撥登山客心弦的登山步道

庫克山國家公園內有 19 座超過 3,000 公尺的高山，大眾化的步道路線也有多樣化的選擇，從往返 30 分鐘的「老少咸宜健行步道」，到花費 1～2 天來回、必須先登記才能入山的登山步道，應有盡有。可從網頁 www.doc.govt.nz/aorakinationalpark 找到適合的步道，去享受幾個小時的芬多精浴。體力不繼的人，到歷史悠久的隱士飯店或者專賣有機食物的老登山家餐廳 (Old Mountaineers Cafe, Bar & Restaurant) 補充能量，也是不錯的選擇。

DATA

🕐 每日營業，夏季(10月～4月) 08:30～17:00，冬季(5～9月) 08:30～16:30 📞 +64 3 435 1186 💲 免費入場 http goo.gl/VDP1ly MAP P.97④

1.與山勢融合的遊客服務中心入口／**2.**沒機會登山，在展示的登山小屋過乾癮也好

GPS 43°44'02.6"S 170°05'47.0"E

奧拉基／庫克山高山小屋Aoraki／Mount Cook Alpine Lodge
在山景交誼廳迎窗遠眺勝景

庫克山高山小屋位在國家公園入口不遠處，離遊客中心很近；2F挑高的公用交誼廳，用整面落地窗框著一幅令人難以置信的美景：閃著鋼藍微光的雪山冰川，以最佳視角映入眼簾。高山小屋只有16間客房，就算無緣入住，也要仰望2F交誼廳那整面的落地窗，深色玻璃會毫不吝嗇地把整座山脈，如畫般映射在你的眼前。

1.無與倫比的壯闊風景畫／**2.**光是站在露臺上，一整個心情就只剩個「嗨」字／**3.**這裡的客房稍小，但是窗框很大，每個住宿者都捨不得離開那扇窗

旅行長知識
無所不在的艾德蒙・西拉里
(Sir Edmund Hillary)

面對庫克山的隱士飯店(The Hermitage Hotel)裡，為他設立了一座文物館(Sir Edmund Hillary Alpine Centre)；紐西蘭5元紙鈔上的肖像也是他。西拉里爵士是一位登山家、探險家、人道主義者，也是第一位登頂珠穆拉瑪峰(聖母峰)和到達南、北兩極的紐西蘭人。他為散居在喜馬拉雅山兩側的雪巴人創設喜馬拉雅基金會，並在尼泊爾建立學校和醫院。

這座文物館不限入館次數，還有3D圓頂劇場可觀賞庫克山3D影片，成人票價紐幣20元，4～14歲兒童紐幣10元。

其他相關訊息可參考隱士飯店官網：www.hermitage.co.nz

紐西蘭5元紙鈔圖

DATA
✉ 101 Bowen Dr, Aoraki Mount Cook 7946 ☎ +64 3 435 1860 🌐 www.aorakialpinelodge.co.nz

塔斯曼冰河湖 The Tasman Glacier Terminal Lake

搭船探索冰川之旅

　　塔斯曼冰河湖在1980年以前還只是一個小水窪，後來塔斯曼冰川上游的浮冰(冰棚)逐年崩解滑動，冰河湖的面積明顯擴大，到現在成為探索冰河的熱門景點。搭乘冰河船要到隱士飯店集合搭乘大巴，下車後再走20分鐘的碎石坡山路到湖邊的登船碼頭上船。

　　隨著冰川沖刷研磨而來的冰磧岩粉末，懸浮在塔斯曼冰河湖的水面上，讓湖面呈現乳白色；就是這些粉末，沿著塔斯曼河水一路奔流匯入普卡基湖水中，吸收了普卡基湖其他色光，只反射出波長最短的藍光。再混搭乳白色的塔斯曼冰河湖水，才調和出天上人間獨有的「藍色牛奶湖」。

　　船暫停在一座座的浮冰前，看見被擠壓了數百年的斷裂大小冰山群，透著淬練過的鋼藍色。因為光線和溫度的變化，冰山有的變白，有的又變成透明脆弱的冰晶體。冰河船的駕駛兼導覽員，滿不在乎地用鐵棒敲下一小塊冰晶體給大家嘗一口，然後告訴我們：「這是至少有300年歷史的冰塊哪！」聽到這裡，每個人都禁不住要小小地激動起來。

DATA

✉ The Hermitage Hotel, Aoraki/Mount Cook Village (報到、集合) 🕐 9月初～5月下旬每日航次08:00、09:30、11:00、12:30、14:00、15:30、17:00 (需時2.5小時，遊湖時間45～60分鐘) 📞 +64 3 435 1641 💲 成人紐幣155元，4～14歲兒童紐幣77.5元 http www.glacierexplorers.com

1.每一塊冰晶都有300～500歲的年紀／2.前往冰河湖的健行路段／3.冰山呈現藍色，是因為冰層密度極高，除了藍色光其他光譜色都被吸收了

GPS 44° 42' 0" S, 169° 9' 0" E

旺納卡
Wanaka
讓人想坐在湖邊發呆的南半球小瑞士

多位識途老馬極力推薦，一定要到旺納卡住一晚；可是追根究柢地問：到旺納卡做什麼？答案不外乎是「不做什麼」或者「什麼也別做」……

傍晚來到旺納卡湖畔，只見清澈見底的湖水輕輕拍岸，浸潤著岸邊的細碎礫石，令人忍不住想脫下鞋襪讓腳趾頭親吻那一汪冰涼的湖水。從旺納卡湖畔極目四望，只見遊艇在湖心擺盪，白頭積雪的南阿爾卑斯山脈落在湖的盡頭。

白天的旺納卡湖又完全是另一種景象，湖水正藍，黑嘴海鷗翩然飛舞，飛行技巧高超

1.旺納卡湖的遊艇如織，船隻停靠碼頭也要排隊／2.傍晚的旺那卡湖水透明見底／3.白天的旺納卡湖因活潑不怕生的水鳥而熱鬧非凡

地爭食遊人拋向空中的食物，花嘴鴨、綠頭鴨也自顧自地優游水岸之間。到此地遊覽的人們總是安詳自在一派悠閒，難怪，來過旺納卡的觀光客會說「只想待在湖岸邊、什麼也別做」。

其實，旺納卡和皇后鎮一樣，除了可以欣賞四季變換著不同的美景外，這裡還是愛好戶外運動者的大本營：冬季吸引喜愛滑雪、

2

3

旅行長知識

海鷗，道地的都會生物

海鷗不接受豢養、不肯受拘束，但是又和一般野生動物不同——牠們跟許多人類一樣，喜歡吃「不健康垃圾食品」，海鷗可說是道道地地的都會生物。

旺納卡和皇后鎮湖畔的黑嘴鷗，眼珠就像玻璃彈珠一般清亮。牠們不怕人、性情和善，並且超級愛吃炸薯條和炸魚。黑嘴鷗的飛行技巧一流，可以在空中定位暫停，就這麼彬彬有禮、不遠不近地圍繞著餵食的旅人，大人小孩都會忍不住想要接近牠們。

雪板運動愛好者前來；春夏兩季則體驗各種水上運動、極限運動，如高空彈跳、乘坐快艇，或者也可以打高爾夫球、騎馬旅行。想要踏青的話，林間步道健行約20分鐘可到藍池(見P.122)如此動靜皆宜，實屬難得。

DATA

✉ 103 Ardmore St, Wanaka 9305 (i-SITE) ☎ +64 3 443 1233 🌐 www.lakewanaka.co.nz 🗺 P.97⑥

GPS 44° 41' 49.2" S, 169° 9' 43.2" E

迷宮世界
Puzzling World
連廁所都有戲的古怪世界

迷宮世界是以科普常識為主題的兒童遊樂區，包括3D立體迷宮和視覺錯覺效果的幻想房等讓人腦筋動不停的遊樂設施，等待青少年兒童來探索。不想花時間進到遊樂區玩的旅人，也喜歡到此地稍作停留，在室外的4座傾斜塔(Tumbling Towers)前，擺出各種趣味化的姿勢，搞怪留影。

到迷宮世界，還有個不能錯過的景點是這裡的公共廁所。廁所的公共休息空間(或要説是中庭？)是三面立體情境大壁畫，畫的是古羅馬時代的公共衛生設施，以及許多古羅馬男士們正在公廁內，一邊「解放」一邊隨意地與鄰近的人交談。休息空間的座椅，隨著壁畫中一長排的古代馬桶延伸而出，實體的休息座椅上也比照壁畫的成排馬桶，挖了一個個的圓洞，非常有趣，搞怪效果百分百！若有經過旺納卡的話，一定要順道來迷宮世界看看！

> **1.**你知道這支海棉棒是做什麼用的嗎？(提示：用過一定要洗乾淨)正解：上完大號擦屁屁用的／**2.**卡瓦那斜塔的傾斜度達53˚，是遊客最愛玩拍照遊戲的景點

DATA
✉ 188 Wanaka Luggate Highway 84, Wanaka 9382 🕐 夏季08:30～17:30，冬季08:30～16:00，聖誕節10:00～15:00 📞 +64 3 443 7489 💲 大迷宮+幻想房(The Great Maze + Illusion Rooms)門票，成人紐幣20元，兒童紐幣14元 🌐 www.puzzlingworld.co.nz 🗺 P.97⑦

GPS 44° 51' 37.55" S, 169° 1' 19.81" E

胸罩護欄
Cardrona Bra Fence
備受爭議的路邊圍欄

據說，這個位於荒涼公路上的鐵絲網護欄，原本只是被路人隨手掛上了4件舊胸罩而已，可是圍欄的擁有者卻開始號召人們來這裡掛上胸罩。這個活動，從1998年開始，有人覺得好玩而響應；也有人感到尷尬礙眼而抵制。就這樣過了許多年，胸罩的數量增增減減、累積到一眼算不清的數量，也成為一個奇異的景點。如果你覺得好奇，或者剛好開車經過了，就大大方方地停車下來看一看，滿足好奇心之後再離開，這樣才能以策安全、以策安全啦！

1.2.在這裡有來自世界各地的胸罩

DATA

✉ The Cardrona 2125 Cardrona Valley Rd, RD2, Wanaka 9381 [http] thecardrona.co.nz/find-us [MAP] P.97⑩

ZONE **03**

Queenstown
皇 后 鎮

鄉鎮的舒適悠閒，城市的豐富多采，都充分展現在這湖邊小鎮中

溫馨富饒的美麗鄉城　　GPS 45°01'52.1"S, 168°39'39.3"E

　　皇后鎮是個群山環繞、四季美景分明的湖邊小鎮。山上可滑雪、下水可衝浪、上天能玩飛行傘，還有打高爾夫、渡輪遊湖，種種活動玩不完！喜歡在城市休閒的，小鎮裡的服裝店、紀念精品商店、美食餐飲店林立，是個麻雀雖小、五臟具全的溫馨完美小鎮。

　　計畫到米佛峽灣(Milford Sound)一遊的朋友，若以皇后鎮作為往、返前後的住宿休息地點，可以多穿插安排一些老少咸宜的輕鬆行程做為配搭。

DATA

◎ 37 Camp St, Queenstown 9300 (i-SITE) 📞 +64 3 442 4100 🗺 P.97⑧

1.管窺皇后鎮天際飛行傘樂園。猜猜看，整片天空有多少人同時在玩飛行傘／2.清晨的皇后鎮，綠頭鴨和花嘴鴨一群一群安安穩穩地睡在湖畔／3.皇后鎮碼頭蒸氣船靠岸了／4.皇后鎮的湖畔海鷗成群

皇后鎮花園Queenstown Garden

清早到大花園跟花鳥Say Hello

皇后鎮花園建立於1887年，位在皇后鎮中心的一個半島上，沿著湖邊往樹林茂密的方向走，可以看見放小艇的碼頭與銀蕨銅雕，即進入皇后鎮花園的範圍內。

聽過清晨的小徑鳥語、看遍園內水池的水生植物……原本以為就只是個古老大花園而已，可等看見告示牌後，才知道整座半島都算在皇后鎮花園的範圍之內。想沿著湖岸體驗大花園的精髓，就去租一台腳踏車吧！

從花園小徑往上走，直接穿越公園，就到了Brisbane街。Brisbane街有前往米佛峽灣的巴士停靠站，這是除了皇后鎮i-SITE之外，另一個前往米佛峽灣的巴士停靠站。Brisbane街附近也有提供住宿的旅店，離市中心不到10分鐘，是個值得考慮的落腳點。

1.銀蕨銅雕，銀蕨是代表紐西蘭的植物／2.小艇碼頭旁就是前往皇后鎮花園的入口之一／3.在照片的右下角可以看到公園標示的小徑，順著小徑走下去，穿越過皇后鎮花園，不一會兒就會到達皇后鎮市區／4.皇后鎮花園地圖

DATA

➡ 距離距離皇后鎮i-SITE (遊客中心)約1公里，步行約13分鐘

皇后鎮天際線纜車三合一行程
Queenstown Gondola Skyline:
Gondola + Luge + Stratosfare Buffet
空中纜車＋溜溜車＋高山景觀餐廳

搭天際線觀山看水賞夕陽夜景

搭乘皇后鎮天際線纜車，輕鬆俯瞰水藍色、S形的瓦卡蒂普湖(Lake Wakatipu)，上山可安排健行、駕駛溜溜車等活動，用餐後再搭夜間纜車下山。從纜車上觀賞皇后鎮萬家燈火，別有一番情趣。

更上一層樓，登高飆速溜溜車

溜溜車運用肢體的扭力控制前進方向；龍頭拉高的把手成為加速和煞車的控制桿。先搭箱型纜車上山，跟著人群前進領取安全頭盔，再排隊搭乘座椅式纜車(Chair Lift)繼續登高。從山頂滑下來的溜溜車，被掛在纜車後方，隨著乘客再一次登上山，倒也省了運送的人力。

駕駛溜溜車得靠自己操控，現場工作人員會給予簡單的指導。溜溜車下滑路徑有紅藍兩線；當日第一趟下滑的車手，以及110～135公

1.天際線登山纜車購票處的玻璃小屋／2.遠眺高空跳台，就頗有腳底發麻的感覺／3.從餐廳外的觀景台俯瞰皇后鎮美景／4.搭乘雙腳懸空的座椅式纜車，有時會吊掛著無舵溜溜車一起「搭便車」上山／5.無舵溜溜車進站了／6.Stratosfare Buffet景觀餐廳一景

分的兒童規定要走較為平坦的藍色路線；110公分以下的兒童必須與成人共乘，走藍色路線(還不會走路的小娃娃不能抱著玩、愛冒險的爸爸媽媽別挑戰明文規定唷!) 135公分以上的車手，從第二趟開始可以選擇坡度起伏多、有數個髮夾彎道、挑戰性高的紅色路線。

溜溜車邊坡的防撞措施做得不錯，算是個安全的下坡飆車遊戲，有一點冒險心的大人和小孩都會想要多玩幾次。

搭配山間美景享用精緻餐點

高山美景搭配精緻餐點，是旅遊時的夢幻享受之一，Stratosfare Buffet提供精緻西式、日式餐點，與多樣化的糕點甜食，餐廳的每一面落地窗都可以欣賞美麗的風景，佐美景吃飯是人生一大樂事。

吃飽了，就到戶外輕鬆散步30分鐘，走一段環型步道；或者一早出發、來一趟6小時的古道行。這裡也提供夜間觀星導覽，必須提早24小時預約。夜晚氣溫低，即使是夏天也得穿上厚重的防寒衣物才行。

溫馨小提醒 💕

■不忘細節，天際線三合一更豐富

1. 紐西蘭的Gondola Skyline有2處，分別設立在南島的皇后鎮和北島的羅托魯瓦，可就旅行地點的停留天數安排行程。

2. 玩溜溜車要搭登山纜車上山，每一趟搭纜車和溜溜車都要重新驗票，請務必記得把票收好、並且放在容易取出的地方。

3. 座椅式登山纜車的前進速度，比一般搭乘的箱型纜車的速度更快一些，登上纜車前要先踏在黃色腳印上就位，等待纜車一到就坐下、並且拉下安全護欄。到站後纜車並不會暫停或者減速，乘客必須儘快離座、並離開纜車行進軌道。如果有行動速度較緩慢的小孩或者朋友同行，務必留意照顧同行夥伴上下纜車。

4. 皇后鎮Stratosfare Buffet的餐點水準中上，晚餐價格偏高。中餐的費用較合理，但也因此供不應求。所以，精打細算後決定來這裡吃中餐的朋友，一定要提早訂位。如果只是想要欣賞高山景觀，自備餐點來此野餐，也是個不錯的選擇！

5. 想體驗更多冒險刺激，還可去玩紐西蘭獨創的「哈克特蹦極」(AJ Hackett Bungy)，備有各種高空彈跳和雙人高空鞦韆等活動，保證讓你即刻分泌大量的腎上腺素。想了解有那些高空遊戲新花樣的，可先參考www.bunqy.co.nz的網頁介紹。

6. 喜歡騎越野腳踏車，也可以租腳踏車體驗體力和技術騎乘分級路線。腳踏車有專用的纜車，可以加掛在纜車外，隨你一起上山。

DATA

📧 Brecon St, Queenstown 9300　🕐 09:00開始，結束時間因季節而異17:00～21:00，詳見官網　📞 +64 3 441 0101　💲 價格組合多樣化，詳見網站　➡ 搭乘纜車地點距皇后鎮i-SITE(遊客中心)約550公尺，步行約8分鐘(緩上坡)　🌐 www.skyline.co.nz/queenstown/

1

GPS 45°01'55.6"S 168°39'43.2"E

零下冰吧Belowzero° Ice Bar
飲一杯「極地凍飲」，歡度紐西蘭夏季耶誕夜

　　紐西蘭的耶誕夜，也是12月底的夏夜，到零下冰吧櫃台旁，穿戴冰吧提供的厚重連帽大衣、手套和靴子，再把自己帶來的所有禦寒配件：口罩、圍巾、毛線帽也全部戴好，打開厚重的大門，進入零下冰吧，映入眼簾的，就是晶亮透明的冰雕世界了！撲面而來的寒氣，只能稍稍冷卻你興奮期待的心情，很快的，抒情搖滾樂和繽紛的投射燈光，又將開始騷動每個人即將冰凍的腦袋瓜。

　　走到冰雕吧台前，酒保會遞給你一片冰凍的透明壓克力點酒單，然後用色彩豔麗的糖漿，為你特調伏特加雞尾酒，並盛裝在一個冰塊做成的酒杯裡。你可以端著這個色彩鮮豔的冰杯，穿梭在冰雕家具擺飾之間，與冰雕人像、動物合影，或者玩玩名符其實的桌上「冰」球。或是坐在整塊冰雕的椅子上(也可以選擇覆蓋著小牛皮的冰椅啦！)啜飲甜度驚人的雞尾酒。或是進入冰雕攝影室，和朋友們一起拍幾張搞怪合照，如果覺得拍的效果不錯，也可以付紐幣12元列印1張紀念照帶回家。

　　零下冰吧，是一個隨時保持在零下溫度的冰宮酒吧，這裡只有音樂和簡單的冰涼飲料，不提供食物，未滿17歲的青少年或者兒

零下冰吧

童來這裡，可以點一杯無酒精果汁。最晚的入場時間是23:00，場內並沒有硬性規定打烊送客的時間，只不過，店家應該很有自信，最後一位入場的客人，也不會想要在冰吧裡頭待到天亮吧！

1 快來零度冰吧乾一杯極地凍飲吧／2. 冰吧消費價目表以及櫃台服務美眉／3. 零下冰吧的極地凍飲，是用彩色糖漿和伏特加酒調和的雞尾酒。調酒用的糖漿色彩鮮豔，伏特加酒應該也是用水稀釋過的，喝起來其實沒啥酒味／4. 桌上冰球，英文名稱叫 Air Hockey，看誰先射門成功

溫馨小提醒

■行前務必訂位，拍照留意細節

1. 一定要提前一週訂位。每天17:00～23:00、週六～日全天訂位，往往是秒殺客滿。

2. 注意保暖你的3C產品如相機、手機，不用時要放在口袋裡，千萬不要放在桌子上，它們的電池可能會被凍僵，讓你拍不了照喔！

3. 因為冰吧內的溫度低，拍的照片會偏藍色，如果你的腦袋和手還沒被凍僵，可以試著調整相機裡的色溫度(WB)控制鈕，來改變色差。(其實偏藍的照片也別有風味喔！)

DATA

✉ Searle Ln, Queenstown 9300 🕐 每天12:00營業到凌晨，有入場人數限制，請事前預約訂位 📞 +64 3 409 0040 💲 成人門票紐幣20元，只參觀不喝酒；成人消費紐幣32元，含1杯標準伏特加雞尾酒；2人同行紐幣42元，含2杯標準伏特加雞尾酒；17歲(含)以下紐幣17元，含1杯無酒精果汁；家庭入場(2名成人和2名17歲(含)以下兒童紐幣85元，含2杯標準伏特加雞尾酒及2杯無酒精果汁 ➡ 距離皇后鎮i-SITE(遊客中心)約200公尺，步行約2分鐘 🌐 www.belowzeroicebar.co.nz；線上預約：rtbslive.com/obl/belowzero

GPS 45°01'55.0"S 168°39'42.9"E

曲奇餅乾時光吧Cookie Time Cookie Bar
品味曲奇餅花式吃法的歡樂時光

Cookie Time專賣的曲奇餅，香甜而扎實，小小的點心商店裡，充滿了巧克力餅乾的香氣和繽紛的歡樂氣息。小紅毛怪Cookie Murcher是店裡的吉祥物，被印在杯子、T恤，以及各種禮物商品上。店裡還停了一輛從前運載曲奇餅的車子，車身繽紛的色彩，可以想像當年運送餅乾到紐西蘭各地時，有多麼吸引孩子們的目光！

熱熱的曲奇餅可以搭配冰淇淋、奶昔，或是玻璃瓶一起吃……啊！不！是把鮮奶倒進印有小紅毛怪Cookie Murcher的紀念玻璃瓶裡，然後在瓶口放一塊烤得香噴噴的曲奇餅，再插入一根紅白相間的吸管，想了就覺得超好吃！

Cookie Time Cookie Bar店內不提供座位，而且全紐西蘭只有皇后鎮一家，別無分店(倒是在日本東京原宿開了一家分店)。點完飲料之後，別忘了買2盒曲奇餅帶走喔！

> 1. 店內陳列著餅乾車，以及假期限定商品最是吸睛／2. 印有Cookie Murcher 的玻璃紀念瓶，是Cookie Time Cookie Bar 最受歡迎的紀念商品之一／3. 餅乾吧外街景

DATA
✉ 18 Camp Street Queenstown ⏰ 08:00～22:00 ☎ +64 3 442 4891 ➡ 距離皇后鎮i-SITE(遊客中心)170公尺，步行約2分鐘 http www.cookiebar.co.nz

巴塔哥尼亞巧克力冰淇淋Chocolates Patagonia

氣溫再低也忍不住想吃的冰淇淋

　　皇后鎮的夏天，氣溫在10℃上下，等到黃昏來臨(20:00左右)時，溫度就陡降至5℃以下……既然那麼冷，為何還要折磨自己啊？！實在是因為這冰淇淋的口碑太好，當你眼見門前客人絡繹不絕、大排長龍時，就會覺得沒吃太可惜。而且，日夜體感溫差大的皇后鎮，在陽光的照射下，身體總是暖呼呼的；這時候如果不吃一支冰淇淋，更待何時？

　　每個人可以試吃2種不同口味的冰淇淋，多達20種的口味真讓人難以抉擇。如果沒有特別的偏好，可以先從插了獎牌的口味入手，這些獎項是由紐西蘭冰淇淋製造商協會所頒發。

> **1.** 日落時分，終於還是忍不住，穿著大外套、吃了第二支冰淇淋／ **2.** 排隊買冰淇淋的人潮／ **3.** 歷年得獎口味、可優先參考選擇

　　無論是冰淇淋、雪糕(Sorbet)，還是優格冰(Frozen Yoghurt)，口感都綿密細緻，味道香濃、而且分量十足。可惜吃1支2球冰淇淋就半飽了，所以只能心中暗許：明天再來吃一支！

溫馨小提醒

■皇后鎮吃不到還有別處可嘗試

　　Chocolates Patagonia專賣店在紐西蘭總共有5家，皇后鎮上有2家，另外3家在箭鎮(Arrowtown)、旺納卡(Wanaka)和皇后鎮機場(Queenstown Airport)。

DATA

✉ Lakefront, 50 Beach Street, Queenstown, 9300　© 09:00～21:00　📞 +64 3 442 9066　➡ 距離皇后鎮i-SITE(遊客中心)230公尺，步行約3分鐘　http www.patagoniachocolates.co.nz

Milford Sound
米佛峽灣

郵輪深入雄偉山間欣賞峽灣絕景，瀑布洗禮有如神力加持

御風洄瀾間．豪氣萬丈

GPS 44° 40' 30" S, 167° 55' 46" E

　　到米佛峽灣國家公園絕不能錯過搭乘觀光郵輪、進行2小時15分鐘的海上航程。距離米佛峽灣碼頭不遠的水面上，有一座小小胖胖的、三角錐形的山脈尾端；而矗立在小山背後、令人眼睛為之一亮的，則是大名鼎鼎的麥特爾峰(Mitre Peak)。

　　船入峽灣，雄偉的大山重重矗立在海平面上，就像有人把它們直接從海裡拔起來一般，多處可見瀑布俯衝奔流入海。在近處的巨大岩礁

上，有許多海狗橫七豎八地躺著曬太陽，此處因而被命名為海狗礁 (Seal Rock)。

遠處傳來斯特林瀑布 (Stirling Falls) 轟隆隆的水聲，郵輪直趨瀑布而去。雖然霧濛濛的冰冷水氣濕重，許多人還是毅然離開溫暖的船艙，到甲板尋找最佳位置，準備接受來自 146 公尺高度噴洩而下的特斯林瀑布洗禮。

排隊等了一會兒 (對！即使是郵輪，也要排隊的)，終於開到瀑布旁，等郵輪靠近山壁時，甲板上的人都淋了一身濕，周遭不斷有人興奮尖叫、大呼過癮。根據傳說，被斯特林瀑布「加持」過的人們，會變得更年輕，所以千萬別錯過了！

1. 麥特爾峰 (Mitre Peak) 直接從海底隆起形成高山，海拔 1,692 公尺，是世界上最高的臨海山峰。西方人說它的山型像主教頭上戴的法冠；但是對於愛吃巧克力的人來說，應該會認為它頗像某品牌的三角巧克力磚／**2.** 沖瀑前／**3.** 沖瀑後

ZONE
04
米
佛
峽
灣

米佛峽灣是冰河遺跡，像極了海中的祕密基地。探險家庫克船長 (Captain Cook) 曾 2 次航行經過米佛峽灣的外海，都沒能發現這個峽灣的存在。戴爾角 (Dale Point) 是航程的折返點，再往前就是塔斯曼海。從塔斯曼海的方向看過來，完全看不見、也根本無法想像這裡頭還有個長達 16 公里的峽灣呢！

1. 搭乘 JUCY 郵輪賞麥特爾峰 (Mitre Peak) ／ **2.** 峽灣內多處可見瀑布俯衝奔流入海

溫馨**小提醒**

■跟團遊峽灣，3C器材及外套要防水

1. 從皇后鎮到米佛峽灣路程295公里，開車大約4小時15分。高山公路的景觀優美，沿途有許多景點可以暫停下來走走、拍照。建議搭乘大眾交通工具，並搭配遊覽公司配套旅程往返。若經費許可的話，往返皇后鎮也可考慮搭乘小飛機。

2. 米佛峽灣年降雨日數182天，當地人形容夏季的米佛峽灣一個月有28天在下雨。雖然說，晴天是好的出遊日，但是雨天的米佛峽灣會有「隱藏版」的瀑布出現，煙雨濛濛之美，更可大開眼界。

3. 如果想在沖瀑布時留下紀錄，請準備一台防水相機、別嘗試使用手機和貴重的單眼相機喔！穿上防水的衣服和帽子，可以避免被瀑布淋成落湯雞。

4. 荷馬隧道夏季交通管制，每20分鐘開放一次。

5. 米佛峽灣交通配套參考網頁www.jucycruize.co.nz

DATA

✉ 位於南島西南部，峽灣國家公園　📞 +64 3 249 8071　🌐 www.milford-sound.co.nz　🗺 P.97⑨

猴子溪(Monkey Creek)的Kea鳥

好奇寶寶Kea，請勿餵食

猴子溪在前往米佛公路 (94 號公路) 旁，溪水冰涼清澈，導遊特別鼓勵大家多裝一些溪水生飲──幾乎所有的遊客都信賴無比地照做了。忽然馬路上發生一陣騷動，原來是一隻野生的 Kea 看到停車場人群聚集，好奇飛來「觀賞」人類，同時也頗為自在地接受相機鏡頭熱烈搶拍。

高山鸚鵡 Kea 是紐西蘭特有種，聰明又調皮，是天不怕地不怕的好奇寶寶。Kea 有著堅硬彎曲的喙，腹部的羽毛看起來很柔軟。庫克山國家公園遊客中心展示的毛利戰士服裝，就有 Kea 的羽毛作為裝飾。

> **1.** Kea 距離相機不到 30 公分，一點也不怕人／**2.** 喝一口猴子溪水吧／**3.** 米佛公路沿途景點標示圖／**4.** 蒂阿瑙湖畔的清晨／**5.** 滴水穿石的查森溪谷 (The Chasm)

溫馨小提醒

■ 不要餵食野生動物

野生Kea雖然可愛，但是請不要讓把Kea與生活在人類世界的海鷗混為一談。因為Kea得嫻熟覓食的能力，才能輕鬆在冬季的野外生存。

資訊補充站

前往螢火蟲洞的沿路風光

建議在蒂阿瑙住一晚再出發前往峽灣，還可以順便安排到螢火蟲洞(Te Anau Glowworm Caves)參觀。蒂阿瑙到米佛峽灣路程121公里，開車約2小時15分。沿途有非常多可以停留參觀的景點，睡飽一點，早上早些出發，可以多看許多好風光。

藍池

藍池
Blue Pools

幽谷中的藍池深潭

藍池是個老少皆宜的戲水好所在，前往藍池的林間步道上，不時可以看見大人小孩穿著濕答答的泳裝、迎面而來。

從橋上俯瞰，前方不遠處是藍河(Blue River)和Makarora River的合流處。秋冬時期，鱒魚會從旺納卡湖(Lake Wanaka)迴游到這裡產卵，因此告示牌上明文規定此處不可垂釣。冰山融雪從藍河上游夾帶著岩石粉末奔流至此，水勢漸趨和緩，水色經日光反射呈現如藍天一般。

走森林步道到藍池的一路上，沒有看見旅行團遊客，可能是因為需要步行的時間稍長，而且谷地開闊、涼風習習，悠閒消暑的慵懶氣息，會引誘人們停留在這兒不想走，所以，旅行團不願來，藍池也因此可算紐西蘭本國人民的淨土之一！

溫馨小提醒

■自備防蚊工具與飲水食糧

1. 怕小黑蚊叮咬的人，可準備防蟲液或者止癢藥膏，避免噴灑香水、髮膠。
2. 藍池周遭沒有店家，要自備飲用水和行動糧。

1.藍河和Makarora River合流處／2.藍池的環境很適合洄游魚來此產卵／3.藍池吊橋上有一群年輕人，輪流跨出吊橋的圍欄，往下跳入深潭裡

DATA

✉ Haast Pass-Makarora Rd, Mount Aspiring National Park 9382 ☎ +64 3 443 7660(國家公園遊客中心) ➡ 從停車場穿越森林小徑，步行至藍池1公里，來回需時約30分鐘 http www.newzealand.com/au/article/blue-pool-track MAP P.97⑲

【旅行長知識】

耶誕悲歌

耶誕節當天傍晚7點，天色尚早，我們來到福斯冰河小鎮(FOX Glacier)。

原本想吃個簡餐，可是天不從人願——全鎮的商店有一半休年假(這個小鎮的商家應該總共也不超過10家)，其他則提早打烊，唯一傳出陣陣香味的餐廳，是四星級的The Westhaven Motel。

可是The Westhaven Motel的餐廳一位難求，就連外帶採買也無法提供。更淒慘的是，這裡唯一的超商也打烊了！我們只能默默回到汽車旅館，翻出前幾天剩下的存糧——3包泡麵，在廚房設施完善的爐具上煮熟它們(連一顆雞蛋也沒有了)，5個人將就著吃完這耶誕節晚餐。

耶誕至元旦假期，店家大多不營業

從耶誕夜開始，關門休假的餐廳、商場頗多，開店做生意的商家也寥寥可數，原本期待著紐西蘭的耶誕特惠購物血拼大典「Boxing Day」，在我們的行程越走越偏向山區的安排下，終於完全落空了。

一直到1月2日假期的最後一天，我們已經到達首都威靈頓，也還沒恢復正常營業。所以，若是旅遊計畫包含了耶誕至元旦假期這段期間，一定要先打聽好你想去的商家和餐廳有沒有開門，還有營業到幾點，事先預約座位，才是比較保險的做法。

這就是耶誕節的晚餐

梅森湖

停車場GPS 43°26'48.3"S 169°58'09.0"E

梅森湖
Lake Matheson

無聲勝有聲，白山黑水的日落與月升

若想一親梅森湖芳澤，方法只有步行！梅森湖，是福斯冰川(Fox Glacier)在14,000年前，冰河倒退後留下的遺產。平靜無波的深褐色湖水，映照著終年白頭的庫克山與塔斯曼山，梅森湖的清晨與黃昏時分，最美！

黃昏時分到達停車場，可以見到澄黃誘人的夕陽餘暉；此時切記不可太過貪戀步道入口的美景，否則會趕不及前往梅森湖觀賞鏡湖夕照。從停車場進入梅森湖步道之前，可以看到一大片濕地美景，庫克山坐落在遠方。早一點來，就先到梅森咖啡廳(Matheson Cafe)喝杯咖啡再出發。如果中午前、後過來，也有不錯的餐點可以享用。

森林步道有點坡度，路面不是很平坦。在這一片古老的原生森林裡，可以看到紐西蘭特有種植物陸均松(毛利語稱為Rimu)，陸均松以前被稱為紅松，屬於生長極為緩慢的羅漢松科，是紐西蘭早期的高級建材和家具，

1.近晚紅霞映照梅森湖／**2.**停車場西方的夕陽餘暉

1

現在已經被紐西蘭政府列入禁止砍伐的保育類樹種。

稍晚抵達湖畔，映入眼簾的是倒映湖心的一抹晚霞，與黑白分明的山脈稜線。晚風習習，靜謐的氣氛讓周遭所有遊客不由自主地放低了聲調，靜靜享受此處的寧靜祥和。

湖畔木製圍欄掛著一張素淡的卡片，印著美國女詩人琳達·霍根(Linda Hogan)的詩句：

"There is a way that nature speaks, that land speaks.

Most of the time we are simply not patient enough, quiet enough,

to pay attention to the story."

細品詩句，更覺暮色中的梅森湖，彷彿只剩下心跳聲……

從梅森湖經過東方濕地(Eastern Wetland)返回停車場，只見近處墨色沉沉的低矮山丘後方，逐漸發散著銀白色光芒。一輪滿月冉冉升空，如不曾在無光害環境下見過月亮升起，必然目瞪口呆許久，才發覺不如關掉手電筒，因為此時只需月娘來照路，足以安心邁向歸途。

溫馨小提醒

■夜行步道，需多加注意安全

1. 紐西蘭的夏天，晚上20:30左右才日落。若要觀賞梅森湖夜景，請先查詢當天日落時間。記得攜帶手電筒或者手機行動電源；喜歡拍照的人，強烈建議攜帶腳架、不要使用閃光燈。
2. 注意安全，不要離開環湖步道，夜間行動請務必攜伴同行。
3. 此地氣候多變化，請隨身攜帶雨具。
4. 福斯冰川和相鄰30分鐘車程的約瑟夫冰川，是世上罕見的2條流向溫帶雨林的冰河，如果時間和經費許可，建議安排一趟冰川健行，或者搭乘直升機到冰河上游走走。

濕地與庫克山、塔斯曼山

如果不打算環湖一周，可以選擇從右邊的Western Wetland進入森林步道，走到Reflection Island看日落，然後循原路折返停車場。或者選擇從左邊的平坦步道走到最近的觀景浮橋Jetty Viewpoint後折返。

DATA

✉ Lake Matheson Rd, Fox Glacier 7886　📞 +64 3 751 0878 (位於停車場附近的Matheson Cafe的電話，夏季營業時間為08:00～20:00)　➡ 環湖步道4.4公里，需時約1.5小時；步行到最近的觀景浮橋Jetty Viewpoint (可推輪椅或娃娃車的平坦路段)來回2.4公里，需時約40分鐘　http www.newzealand.com/int/feature/lake-matheson

福斯冰河十大度假公園

福斯冰河十大度假公園
Fox Glacier Top 10 Holiday Park
自由選擇最愛的度假模式

　　福斯冰河小鎮位於一個神奇到不行的地理位置：從小鎮開車出發，無論是登山賞冰川、到熱帶雨林騎自行車、開車到海岸線步道觀賞海豹家族，都可在20分鐘內抵達！作為這三種截然不同景點的交通樞紐，福斯小鎮自然是個絕佳的旅遊基地。

　　福斯冰河十大度假公園所提供的住宿形式，從汽車旅館、提供廚房的公寓、大小套房、露營場地、充電站、超大共用廚房等，一應俱全、任君挑選。尤其是露營場地，就倘佯在開闊的綠蔭草地中。在這裡，「幕天席地」才是真正的享受！

1. 驅車前往福斯冰河小鎮的公路上，匆匆一瞥所見森林與海景比鄰連接的奇妙景觀／**2.** 在寬廣的草地上露營，真是人生一大享受

DATA

✉ Kerr Rd, Fox Glacier 7886 ☎ +64 3 751 0821 🌐 線上預約www.fghp.co.nz/chinese-accommodation
🗺 P.97⑪

GPS 43°00'35.8"S 170°40'16.4"E

布須曼中心
The Bushmans Centre (Pukekura)
處處充滿黑色幽默的獵人之家

布須曼中心是個位於西部國家公園裡的小小私人王國。從福斯冰河小鎮到霍奇蒂卡 (Hokitika) 的路途中，必會經過布須曼中心。此處的外圍景觀有西部荒漠的粗獷感，大多數人會因為行程匆忙，而忽略掉這個處處充滿「黑色幽默」的荒野小棧。

少數運氣好、把車子繞進布須曼中心的旅人，則會睜大雙眼，忍不住發出「哇！」的驚嘆聲，因為，屋外掛著那隻真假難辨的超大「獵物」——小黑蚊，真是太吸睛了！小黑蚊(sandfly)是紐西蘭南島的「特產」，從西海岸的西部國家公園到米佛峽灣國家公園，一路可見「當心小黑蚊」的警語。這裡的小黑蚊成群結黨、嗜血如命，攻擊起人來可是毫不留情，被攻擊的人只會絕望得恨不能把全身都包裹起來，以求逃過一劫。

布須曼中心的主人——獵人Peter在布須曼中心的屋頂之下，懸掛著一頭巨大的小黑蚊怪獸，並且宣稱它是遠古恐龍時代遺留下來的巨獸，直到它在空中被布須曼的獵人們射下結束一生。餐廳的一角還貼有相關的「新聞剪報」作為佐證，黑色幽默堪稱一絕。

1.難纏的客戶／**2.**小黑蚊狩獵行動報導／**3.**本地才有販售的商品(毛皮或植物標本建議觀賞就好，以免被海關扣押)

布
須
曼
中
心

獨特而有巧思的紀念工藝品

中心內所販售的紀念品，大多是手工製作的限量工藝作品，在一般觀光景點難得一見、價格自然也不斐。可惱的是，這些工藝品的巧思獨具、令人見獵心喜、心癢難耐──只能奉勸荷包不夠寬裕的人，要學習控制好自己的占有欲、擺脫血拼的氛圍。若真的抵擋不住了，不妨先移步到餐廳，點個香味四溢、別具鄉村野味風的烤土司三明治嘗鮮。牛肉、鹿肉、銀魚口味，汁多醬美味、吮指留香，一定可以滿足味蕾以及肚皮的需求。

奇妙野味負鼠派

這裡還有一座小小的博物館，要另外付費進入參觀；可是感覺上，與其花時間看獵人的獵物藏品，還不如跟獵人Peter聊天來得更有趣些。布須曼中心有名的傳奇故事之一，與當地的野味「負鼠

1.5.餐廳的陳設／2.懸掛在布須曼中心門外的小黑蚊「標本」／3.野味三明治／4.與布須曼中心的主人Peter Salter在博物館前合影，Peter在2014年出版了《PETE The Bushman》一書，描述他在西部雨林的狩獵故事；獵人的肖像畫，是他的藝術家妻子Justine Salter所繪／6.槍桿造型原子筆，筆桿以鹿角打磨而成，是一位住在旦尼丁的藝術工作者的手作／7.沒消費不給上的廁所，以及暗藏玄機的大鎖

派」(Possum Pie)有關。

負鼠派是一道已經不能在當地販售的食物，可是偶爾還是有些識途老饕，不遠千里而來私下詢問能否吃到？布須曼的獵人有自

己的堅持和想法,他曾為此強悍地周旋在紐西蘭政府各部門互相矛盾的法規中,並且在網頁上強調,捐款支持「反對空投殺鼠藥劑氟乙酸鈉1080」(Monofluoroacetate),可得到一個「免費的」負鼠派。

布須曼鎮唯二的居民

Peter是傳奇人物,早在西部國家公園成立前就來此落戶生根,他是布須曼市鎮的鎮長、也是唯二的居民之 (另一位是他的太太)。由於布須曼中心坐落於國家公園內,有些人來到此地,會誤以為這裡也是個公共設施,停車來這裡「方便」一下,然後就匆匆離去。這種把別人家當作公共廁所的行為,對於心

高氣傲的獵戶夫婦來說,可不是什麼值得高興的事情。在加了中文的告示牌也不管用的情況下,獵人用一把古怪的大鎖鍊住廁所大門,只有消費者或者另外付費,才能拿到鑰匙開門解放。

說真的,經過布須曼中心而沒有進來逛逛、和Peter聊聊天,實在太可惜!

DATA

✉ State Highway 6, Pukekura, Lake Ianthe, South Westland 📞 +64 3 755 4144 🌐 www.pukekura.co.nz/bushmans_centre 🗺 P.97⑫

庫克海峽

銜接南北島，渡輪海上巡禮

連人帶車搭渡輪，海上穿梭星棋羅布的大
小島礁，是難得一遇的跨海經驗。

庫克海峽聯絡線的白日與黃昏

看著一輛輛的汽車開到港口，駛向渡輪的甲板，是個有趣的經驗；航向庫克海峽，看著渡輪在冒出海面的小山丘間穿梭，也令人嘆為觀止。

　　庫克海峽是個暗潮洶湧、水流和風力強勁的海域。看地圖就會發現，南島最北端布滿了島礁，有著複雜的海灣和水道，以前的人以為庫克海峽是一個大海灣；一直到1770年，庫克船長才找到了正確穿越海峽的途徑。

　　搭渡輪，白天欣賞庫克海峽間的群山海潮，黃昏可賞海峽的夕陽餘暉，晚上看港灣夜景燈火閃爍。選個時段，搭一趟庫克海峽渡輪吧！

亞伯塔斯曼國家公園
Abel Tasman National Park

凱特里特里
Kaiteriteri

塔斯曼灣

莫圖依卡
Motueka

尼爾森
Neison

阿拉帕瓦島
Arapawa Island

庫

威靈頓
Wellington

皮克頓
Picton

克

6

馬卡娜甜點蛋糕店
Makana Confections

62
6

海

布蘭尼姆
Blenheim

63

峽

1

皮克頓至凱庫拉路段因地震損壞，
出發前請上網www.nzta.govt.nz查閱
最新的國家高速公路替代道路信息
，關鍵字請鍵入「Kaikoura」

南太平洋

庫克海峽地圖

凱庫拉
Kaikoura

尼爾森→←皮克頓
凱庫拉→←皮克頓
威靈頓→←皮克頓

庫克海峽渡輪
Bluebridge Cook Strait Ferry

在秀麗奇巧的峽灣間自在航行

　　南北島之間，每天有3班船往返於北島威靈頓港和南島皮克頓港，單趟航程平均需時3.5個小時。

　　夏天搭乘18:45從皮克頓出發的航班，欣賞蜿蜒崎嶇的峽灣，光線正是最美的時刻；等快到威靈頓時，欣賞空曠的庫克海峽海平面的夕陽餘暉，以及威靈頓港的萬家燈火，更是美事一椿。船上有簡單的餐點可以選擇，也可以自備晚餐搭配海景一塊兒享用。特別推薦Bluebridge的網頁，有詳細的搭船通關要領解說。

　　渡輪舒適平緩，有為小朋友準備的遊戲室，又有南島最北的峽灣美景可以欣賞。提醒第一次搭渡輪穿越庫克海峽的朋友，不要光顧著用船上的免費Wi-Fi或者看免費電影，而錯過了海上美景唷！

1

DATA
✉ 50 Waterloo Quay, Wellington Central, Wellington, 6011　🕐 24hrs，全年無休　📞 +64 4 471 6188　http www.bluebridge.co.nz　MAP P.131

1.威靈頓港夜景／2.望向庫克海峽方向的海上夜景

馬卡娜甜點專賣店
Makana Confections

洋溢著幸福氣味的巧克力工坊

開車前往皮克頓搭船之前，一定要先轉個彎，到Makana甜點專賣店走一趟。就算你不喜歡吃巧克力，也還有其他做工精緻、餡料實在的特色甜點可以品嘗，值得選幾樣送給親人朋友。也別忘了多留一盒給自己，否則會有種自己捨不得吃，又捨不得給別人吃的微妙心情產生，很是糾結！

Makana的展售中心充滿了甜而不膩的幸福味道(愛吃巧克力的人，絕對會忍不住盡情地深呼吸)！親切的服務人員不停地來回走動，手上拿著剛出爐的甜點請你試吃。玻璃櫥窗

1.Macadamia Butter Toffee Crunch太妃糖堅果脆片巧克力／2.店內明亮簡約的擺設

對面，可以看見甜點師傅們忙碌的背影。最受歡迎的熱銷口味是Macadamia Butter Toffee Crunch，中間的夾層是太妃糖，最外層撒上滿滿的堅果脆片。如果有不清楚的，可以現場向服務人員詢問、試吃，滿意了再買。

Makana 在紐西蘭只有2家，一在南島、一在北島，城市裡沒有門市，只提供國內網購直銷服務。

溫馨小提醒

■ 巧克力需冷藏保存

　　紐西蘭氣候乾燥，就算是夏天，巧克力放在室溫下也可以保存完好。但如果要帶巧克力回台灣，除了冬天，都要盡快包好、放入冷藏室內保持在4℃左右的溫度為佳。

DATA
✉ 180 Cnr Rapaura Road & Odwyers Road, Renwick, Blenheim 7273 🕘 09:00～17:30 📞 +64 3 570 5370 ➡ 走1號公路到Spring Creek 轉西南向62號公路約3.3km處 http www.makana.co.nz MAP P.131

藝術 人文北島

現代光影的悠閒饗宴

《魔戒》、《哈比人》小說描摹的美麗中土景象，盡在北島展現。旅程終點站品味悠閒，流連藝文特區，依戀不捨。

幻境與實寫交錯的魔幻北島

北島是人文、藝術薈萃之地。北島之南的首都威靈頓，是個風力強勁的海港城市。製作動畫與模型的電影工業巨擘——威塔工作室的總部，藏身於此。公司外表低調的威塔，將長篇小說《魔戒》、《納尼亞傳奇》等電影中的虛幻角色，一一具體化現為栩栩如真的鮮活形象。在紐西蘭拍攝的魔幻電影，之所以能夠徹底擄獲全世界影迷的心，威塔工作室功不可沒。

位於北島中部的羅托魯瓦，擁有能夠療癒身心的露天溫泉；還有設於Matamata、精心打造的矮人村莊哈比屯，也是吸引大批遊客的朝聖之處。哈比屯是電影《魔戒》中的電影場景，一幢幢色彩明亮的半穴居，並沒有因為電影拍攝工作結束而被拆毀，反而被保留下來轉型為觀光旅遊景點，為寧靜無波的小村莊帶來無數的人潮。

奧克蘭在北島北方，從溫帶氣候邁入亞熱帶氣候區的範圍。這裡是全紐西蘭人口密度最高、也是紐西蘭最繁華的國際都市；這裡的華人移民最多，會說華語的人也不少。從台灣來到奧克蘭的旅客，如果時差還沒有調整過來、晃了神，真的會產生一種自己還在台灣的錯覺呢！

奧克蘭
Auckland

公車每天4班，需時約3.5～4小時

約230KM

瑪它瑪它
Matamata

漢米爾頓Hamilton

哈比屯
HobbiTon

羅托魯瓦機場
Rotorua Regional Airport

羅托魯瓦
Rotorua

約450KM

直達航班（每天2～4班）1小時10分
公車每天4班，需時約8～8.5小時

北島地圖

威靈頓
Wellington

Wellington 威 靈 頓

人文薈萃的城市，隱藏電影魔法的創造地點

GPS 41°18'23.1"S 174°49'28.4"E

威塔洞穴The Weta Cave

走進魔幻電影世界的驚奇之旅

威塔工作室於 1987 年成立，設計創造了眾多名聞世界的電影經典角色造型。無論是魔幻的《阿凡達》、《魔戒》，還是寫實的《玩命關頭》，永恆的金剛、哥吉拉……舉凡電影道具、服裝、化妝、動畫，你能想像得到的電影特效，幾乎都可以找到威塔的名字。

威塔工作室的朝聖之旅，從洞穴小屋開始——外表不起眼的平房，明明就是個電影角色模型的零售商店，卻硬是能把探頭觀望的路人，一把拉進魔幻情境中、不可自拔。

威塔洞穴裡有一系列電影的精細塑像模型、道具展示櫥窗、油畫、海報、書籍、首飾。個個質感細膩，價格也不便宜……迷戀威塔旗下電影系列的粉絲們，請抓緊荷包、好自為之吧！

其實威塔之旅最讓人心動的，是 2 套全程中文導覽之旅，內容包括參觀威塔影視、45 分鐘導覽威塔工作室，觀摩各種電影裡的經典原版

道具和特效化妝等……一次滿足你對電影特效的好奇心。唉，下次到威靈頓，一定要報名參加這驚奇之旅啊！！

另外還有各種付費導覽遊程，以及工作坊、活動的行程，不妨詳官網中的「Visit Us」，也有中文導覽的行程，請參考「Visit Us」下的「中文導覽」。10月～ 4月是旅遊旺季，強烈建議 3 天之前上網預約。

1.讓人忍不住多看好幾眼的商品／2.3.琳瑯滿目的電影周邊商品／4.威塔洞穴販賣部／5.Weta是紐西蘭特有的、全世界最大、體重最重的昆蟲(目前所知是70公克)，你認為威塔工作室取名Weta，是認為自己很大、還是很小呢

DATA

✉ 1 Weka St, Miramar, Wellington 6022　🕐 每日
09:00～17:30　📞 +64 4 380 9361　💲 免費參觀、
可以拍照　http wetaworkshop.com　MAP P.137

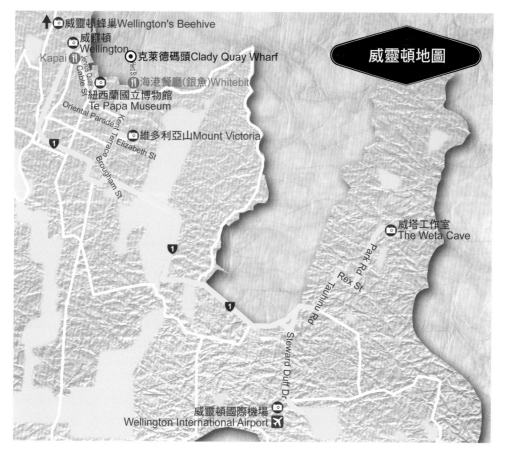

威靈頓地圖

↑🏠 威靈頓蜂巢Wellington's Beehive
🏠 威靈頓Wellington
Kapai　🍴 Jervi St
📷 克萊德碼頭Clady Quay Wharf
Cable St
🍴 海港餐廳(銀魚)Whitebite
🏛 紐西蘭國立博物館
Te Papa Museum
Oriental Parade St
Kent Terrace
📷 維多利亞山Mount Victoria
Brougham St

1

1

1

Park Rd
📷 威塔工作室
The Weta Cave
Rex St
Tauhinu Rd

Steward Duff Dr

📷 威靈頓國際機場✈
Wellington International Airport

GPS 41°17'26.5"S 174°46'51.6"E

紐西蘭國立博物館Te Papa Museum

收藏紐西蘭珍寶的寶藏盒

Te Papa博物館是了解紐西蘭的地理、歷史、文化的最佳窗口，新穎的設備和活潑的展出題材相當受歡迎。毛利語Te Papa有「大地的寶藏」之意涵，館藏的化石、植物、鳥類標本質、量均佳，世界上最大的深海大烏賊標本，就在Te Papa展示。

可預約中文導覽，費用成人紐幣16元，未成年人紐幣8元，5歲以下兒童免費。家庭套票紐幣40元，內含2大2小。預約網頁 www.tepapa.govt.nz/visit/plan-your-visit/guided-tours

---

1.巨型蠟像表情生動，汗毛和汗水都清晰可見。蠟像模型由威塔工作室製作／**2.**博物館常設展(Tangata o le Moana: The Story of Pacific People in New Zealand)毛利族古代vaka(獨木舟)／**3.**海洋展

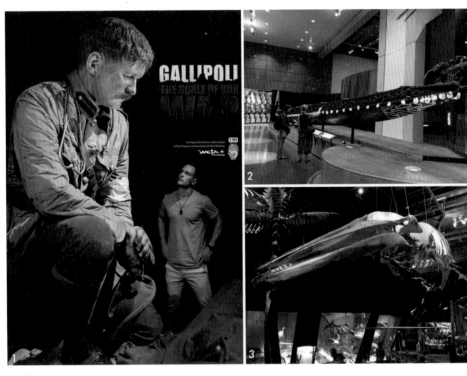

DATA

✉ Tongarewa (Te Papa), 55 Cable Street, Wellington Central, Wellington 6011 🕐 10:00～18:00 (耶誕節除外)，全館開放免費Wi-Fi 📞 +64 4 381 7000 💲 免入場費，短期展覽與活動收費見網頁說明 🔗 www.tepapa.govt.nz 🗺 P.137

GPS 41°19'39.3"S 174°48'29.8"E

威靈頓國際機場Wellington National Airport

霸氣百分百的史矛格巨龍

一般亞洲旅客搭乘的國際航班往返機場都在奧克蘭或者基督城，只有自助旅行者有機會到威靈頓機場一遊。因此要特別分享機場大廳的史矛革巨龍 (Smaug，《哈比人二部曲》的要角之一) 給大家認識。在機場沉睡的史矛革，被吵醒時會睜開金色的眼瞳，發出低沉的吼音。

麟甲觸感細膩逼真的史矛革巨龍當然也是威塔工作室的作品。威靈頓機場餐廳還有巨大的咕嚕 (《魔戒》中的要角) 在機場的天花板下方抓鮭魚，嘴邊的氣泡、搭配窗外灑進來的天光，恍如電影場景。灰袍魔法師甘道夫乘著巨鷹 (《魔戒》中的畫面) 作戰的模型也頗有看頭；機場內還有一間威塔商品的專賣店，商品種類多樣，是魔戒粉絲們最後「進攻」的基地。

> **1.** 在水面下抓魚的咕嚕／**2.**史矛革巨龍／**3.**魔法師甘道夫與巨鷹／**4.**威塔專賣店

DATA

✉ Stewart Duff Dr, Rongotai, Wellington 6022　☎ +64 4 385 5100　🌐 www.wellingtonairport.co.nz　🗺 P.137

139

GPS 41° 17' 46.16" S, 174° 47' 40.12" E

維多利亞山Mount Victoria
開車上山頂，俯瞰威靈頓港灣風情

維多利亞山是個高度僅193公尺的小山丘。開車沿著住宅區的山路繞圈圈上山，到了山頂，就可以360°俯瞰威靈頓全景。很多人會趁著夕陽西下後，開車上山頂觀賞越夜越美麗的威靈頓港灣。

DATA

http www.newzealand.com/int/feature/mount-victoria MAP P.137

從維多利亞山看靈頓港夜景

GPS 41°17'13.1"S 174°46'35.2"E

Kapai
紐西蘭少見的健康速食

紐西蘭人愛吃肉，餐廳裡的蔬菜選擇性很少，Kapai提供豐富素菜類速食，且標榜採用天然、當地種植的新鮮蔬果為食材。用薄的餅皮或者厚的麵包把蔬菜、馬鈴薯、雞肉、脆脆的碎麵條等包裹起來吃，有點兒類似潛艇堡(Subway)的概念。整份拿在手上的感覺很豐盛、分量非常大，就像是西式、走健康路線的「刈包」或者捲餅呢！

1.2.很好吃，但是一個人吃不完一份的速食

DATA

✉ 1 Willis St, Wellington, 6011 🕐 週一～五08:30、週六09:30、週日10:30開門營業，打烊時間每日不同，最晚是週五20:00，最早是週日16:30 http www.kapainewzealand.co.nz MAP P.137

威靈頓蜂巢Wellington's Beehive
獨特建築造型，美醜自在人心

正式的名稱是紐西蘭國會大廈(New Zealand Parliament Buildings)，據說大廈外觀很像紐西蘭傳統形式的蜂箱而得名。蜂巢在紐西蘭有著重要的文化地位，被註冊為文化遺產，但也有評論說它是世界上最醜的建築。

DATA

✉ Molesworth St, Pipitea, Wellington 6011 ☎ +64 4 817 9999 http www.beehive.govt.nz MAP P.137

造型特殊，美醜自在人心

銀魚餐廳Whitebait
在地標建築內享受精緻美食

銀魚餐廳的菜色精緻，招牌菜炭烤銀魚傳出陣陣誘人的香氣。銀魚餐廳位在克萊德碼頭(Clyde Quay Wharf)最亮眼的地標建築裡。遠望克萊德碼頭1~8號大樓的整體建築設計，就像一艘即將航向遠方的郵輪，對於建築設計有興趣的朋友可以參考克萊德碼頭(Clyde Quay Wharf)官網關於建築設計的理念。

網頁： www.clydequaywharf.co.nz/building-design/design-philosoph

1.2.3.銀魚餐廳門面不大，菜色精緻

DATA

✉ G04/1 Clyde Quay Wharf, Te Aro, Wellington 6001 ⏰ 午餐週二~五11:30~14:30 ，晚餐週一~日17:30開始，休息日請參考網頁説明 ☎ +64 4 385 8555 http www.white-bait.nz MAP P.137

ZONE 02

Rotorua
羅托魯瓦

來自地底的溫泉熱源，造就火山溫泉鄉

探訪北島的溫泉鄉

GPS 38° 08' 07.6" S, 176° 15' 14.5" E

　　從濃厚的溫泉硫磺味，可了解羅托魯瓦是標準的火山地熱硫磺之城，也是紐西蘭僅次於南島皇后鎮的觀光旅遊城市。羅托魯瓦湖非常大，到波里尼西亞溫泉後繼續往東，或者到庫倫公園往北，都可以看見羅托魯瓦湖的一部分。

1.這一汪特別美麗的綠色深潭是庫倫公園裡溫度較低的溫泉／**2.**羅托魯瓦遊客中心是各種套裝旅遊行程的代訂服務和發車地點

DATA

✉ 1167 Fenton St, Rotorua 3007 (i-SITE) ⏰ 07:30～18:00 ☎ +64 7 348 5179 🌐 www.rotoruanz.com/visit/travel-kit/i-site/ 🗺 P.143

波里尼西亞溫泉Polynesian Spa
浸浴在溫泉鄉的懷抱中

來羅托魯瓦一定要去泡一泡露天的波里尼西亞溫泉，這裡號稱是全南半球最棒的天然地熱礦泉浴場。浴場價目表琳瑯滿目，多達11種選擇。建議先上網了解服務項目和限制，屆時才不會看得傻了眼。我們選擇的是1878年就開始啟用、便宜又大碗、溫度適宜(38℃～42℃)、只限成人進入，且不限時的溫泉池(Adult Pools)，內有3個酸性溫泉池和3個鹼性溫泉池，以及1個深度有一個成人高、可以游泳的大溫泉泳池。

就算下雨，也不能放棄來波里尼西亞溫泉浴場泡溫泉喔！

溫馨**小提醒**

■**泡溫泉前的須知**

1. 出發前先問問下榻的旅館是否有提供波里尼西亞溫泉折扣券，要記得帶泳裝！
2. 把貴重物品放在旅館不要帶出來，大眾池雖然有付費的上鎖櫃子(紐幣5元)，但是損壞率高，感覺上管理員交付鑰匙的態度也很隨意，防護的功用不大。

DATA
✉ 1000 Hinemoa St, Rotorua 3010　🕐 08:00～23:00　📞 +64 7 348 1328，預約專線0508 765 977　http
www.polynesianspa.co.nz/bathing　MAP P.143

羅托魯瓦地圖

庫倫公園
Kuirau Park

Rotorua Primary School

Queens Dr

Queens Dr

遊客中心 ❶
iSite

博物館
Rotorua Museum

Haupapa St

Kuirau St

Ranolf St

Hinemaru St

Fenton St

Pukuatua St

羅托魯瓦哈比屯電影布景商店
(參觀哈比屯行程上下車地點)

羅托魯瓦湖
Lake Rotorua

Hinemoa St

Quest Rotorua Central

波里尼西亞溫泉
Polynesian Spa

ZONE 02

羅托魯瓦

庫倫公園

庫倫公園Kuirau Park
市區地熱池的大本營

　　庫倫公園有一大片公園如茵綠草，也存在著滾燙冒泡的地熱池和泥漿溫泉。有些地方的草地上還圍著請勿靠近的警戒塑膠繩，因為草地有可能塌陷、直接生成地熱池。逛著逛著腳痠了，脫了鞋泡泡免費的泡腳溫泉是一大享受。

1. 毛利族傳統神話木雕／**2.** 溫泉泡腳是一定要的／**3.** 滾燙冒煙的溫泉池，生人勿近

1

旅行長知識

紫水雞 Pukeko

　　腿很長的紫水雞因為跑得很快，所以很少用飛的。牠們是本土雜食性鳥類，因為適應力佳、強悍無天敵、還會捕捉撕裂更小的鳥禽來吃，曾因繁衍過剩而被政府單位計畫性的撲殺。

在溫泉公園草地上的跑路鳥 Pukeko

2

DATA
✉ 2 Kuirau Street Rotorua 3010　http www.newzealand.com/int/feature/kuirau-park　MAP P.143

HobbiTon
哈比屯

走進哈比人半身世界，在魔戒的朝聖地圓夢

GPS 37°52'19.6"S, 175°40'58.5"E

精準掌控參觀時間的緊湊行程

哈比屯原本是個普通農場，《魔戒》導演彼得・傑克森(Peter Jackson)在Matamata勘景時，意外發現這裡的丘陵綿延起伏、景色絕美，符合電影場景哈比屯的設定，於是在此打造實景的哈比屯。

待電影殺青之後，農場主人決定保留哈比人居住的洞穴屋、拱橋、綠龍客棧 (Green Dragon Inn) 等重要場景，將農場轉型為觀光景點，果然一炮而紅，世界各地的魔戒粉絲紛紛前來朝聖，成為紐西蘭電影觀光事業的一大成就。

洞穴屋大部分是只有外觀的道具模型屋，只有少數幾間可以把門打開來，不過裡頭並沒有內部裝潢喔！因為拍電影時不會在那麼小的小屋裡拍攝，儘管如此，能夠進站在院子外，甚至走進洞穴屋的門內，每個人都很興奮！

《魔戒》主角佛羅多的家——袋底洞(Bag End)位於哈比屯的最高點，門雖半開但是不能進去參觀。袋底洞上方有一棵完美的大樹，這棵大樹來自台灣：它因應電影場景設定而生，是全農場最獨一無二的一棵樹。只要你告訴導遊你來自台灣，導遊就會非常興奮地告訴你這棵大樹的由來……

1.2.袋底洞——《魔戒》主角佛羅多的家，以及在屋頂上、來自台灣的大樹

ZONE 03

哈比屯

1.好像走進了童話小屋的情境中
／2.綠龍酒館吧檯／3.哈比屯的
紀念品／4.同一時段有不同的參
觀隊伍散落在不同區域／5.6.哈
比人日常生活戶外場景

綠龍酒館是整個哈比屯建築中最大，也是唯一屋子裡、外都和電影場景一模一樣的建築。不到2小時的行程走到這裡，來到最後的參觀行程，你可以享用一杯免費的啤酒或者薑汁汽水。導遊會宣布集合上車的時間，在集合之前可以自由活動，要把握時間到外面晃晃，也可以待在綠龍酒吧裡享受美食。

參觀哈比屯只能參加旅行團，有專門的嚮導帶隊解說、照表操課。來哈比屯參觀的心得，最佩服的是Shire Tours工作團隊的SOP流程，各團時間的掌控和參觀路線的交錯規畫，有非常高度的效率。來自紐西蘭各地的旅行團，依照先來後到的順序，有的團被分配先前往夏爾票務中心(The Shire™

4

Ticketing Centre)上洗手間、購買紀念商品；有的團會先進入哈比屯內，分時段分批參觀哈比人的洞穴屋。若能選擇非例假日前往，或許人潮會少一些。

DATA

✉ 501 Buckland Rd, Hinuera, Matamata 3400，上車地點：羅托魯瓦哈比屯電影布景商店(羅托魯瓦來回)請參考P.143 MAP ☎ +64 7 888 1505，0508 4 HOBBITON (0508 4 4622 4866，免付費電話) 💲 從羅托魯瓦出發：17歲(含)以上成人紐幣 114元；從 Matamata i-SITE或Shire's Rest 出發：17歲(含)以上成人紐幣79元；其他出發地點、含晚餐行程，以及未滿17歲青少年及兒童票價詳官網說明 🌐 www.hobbitontours.com MAP P.135

溫馨小提醒

■ 參觀哈比屯記得遵守SOP

1. 從觀光巴士下車、進入哈比屯參觀前，就要把所有物品帶下車，因為回程的車子不會是同一輛。

2. 參觀哈比屯的行程，一定要準時集合，否則會被放鴿子；一定要認清楚自己的導遊是哪一位，不要落後隊伍太遠，以免跟錯人、等到下車時才發現自己去了非預期的地點。

3. 想拍照就盡快走到導遊面前請他幫忙，一旦猶豫了，可愛的小房子前就會擠滿了人。導遊是不會等人的。

Auckland
奧克蘭

熱鬧繁華的都會區，行程的起始與出發的最終點

1

GPS 36°51'01.5"S 174°45'53.0"E

皇后街Queen Street
旅途結束前的最佳採買地點

奧克蘭市觀光客最多的一條街道，是回家前採購各種各樣伴手禮的最好地點。耶誕節之後到奧克蘭，最能享受Boxing Day(耶誕節隔日)折扣帶來的採買快感！Typo位於皇后街175號，有許多新奇有趣又很實用的平價特色文具商品以及手作工藝品，吸引眾多年輕背包客的眼光。

DATA
✉ Queen Street, Auckland 1010　MAP P.149

1.天氣晴朗時，Aotea廣場的草地的氣氛悠閒，暖烘烘的陽光勾引著人們躺下來曬太陽／**2.3.**皇后街街景白天夜裡各有風情

薄麗托瑪交通轉運站Britomart
Takutai廣場

InterCity Sky City Bus Terminal(羅托魯瓦→奧克蘭巴士下車處)
天空塔Sky Tower

遊客服務中心
iSite

皇后街
Queen Street

Aotea廣場
Aotea Square

奧克蘭大學
The University Auckland

Vincent Street

梅爾斯公園
Mayers Park

帕尼爾村
Panell Village
(巧克力精品屋Chocolate Boutique Café)

聖三一大教堂
Holy Trinity Cathedral

戰爭博物館
Auckland War Memorial Museum

金德之家Kinder House

禧大樓(帕尼爾社區中心)
Jubilee Building

百貨公司聚集地New Markey

奧克蘭地圖

GPS 36°50'39.1"S 174°46'04.8"E

薄麗托瑪(交通轉運站) Britomart (Transport Centre)
古今交融、充滿活力的社區

薄麗托瑪是奧克蘭的火車、公車、渡輪轉運樞紐,當地所有的歷史建物都被細心地修復,包含建材質料、配色及其配件都有嚴密的規格設定。坐落此地的百年以上歷史建築、設計獨特的當代結構,與大氣優雅的公共空間裝置藝術品,古今交融卻不顯得突兀,到奧克蘭市區,一定要到薄麗托瑪走走。

1.2.薄麗托瑪街景與轉運站一隅

DATA

✉ 8-10 Queen St, Auckland 1010 🕐 24hrs 📞 +64 800 467 536(紐西蘭境內免付費電話) 🌐 britomart.org
🗺 P.149

GPS 36°50'41.4"S 174°46'09.5"E

Takutai廣場Takutai Square, Britomart
薄麗托瑪的美麗仙女

Takutai 廣場位於薄麗托瑪的心臟地帶，是奧克蘭市中心唯一的開放空間。走進永安大樓 (Ernst & Young Building)，Takutai 中庭 (Atrium On Takutai) 上方有一整片美麗的綠牆，整個中庭像一幅巨大的攝影作品呈現在世人眼前。走到 2F 空橋眺望廣場，可以一覽 Te Ara Tahuhu 步行街 (Te Ara Tahuhu Walking Street) 上一整排的雕塑天井。

步行街中段一側的庭園 (The Pavilions At Britomart) 四周被 8 家時尚特色精品店所環繞，庭園中央柱狀雕像源自毛利人的傳說故事，夜晚在投射燈襯托下益發神祕。對面庭園的 Ortolana 西式餐廳的客人絡繹不絕，尖峰時間不接受預訂，必須現場登記後等待電話通知帶位 (坐在室外有提供毛毯)。

1.Takutai中庭／**2.**步行街中段的庭園／**3.**Te Ara Tahuhu 步行街的天井雕塑／**4.**毛利族柱狀雕像

溫馨小提醒

■勿錯過各商店營業時間

1. 每週六08:00～12:30農夫市集(Farmers' Market)在戈爾街(Groe St)舉辦，由在地的農業生產者帶著他們種植製作的時令水果、生鮮、橄欖油、乳酪、手工麵包……來此銷售、風雨無阻，不要錯過了！

2. Ortolana餐廳營業時間為時間每日07:00～23:00，地址31 Tyler Street Britomart Auckland CBD。

DATA

✉ 位於薄麗托瑪的Galway St和Gore St交叉口　☎ +64 4 381 7000　🌐 britomart.org/properties/takutai-square　🗺 P.149

帕尼爾路Parnell Rd

輕鬆遊逛奧克蘭最悠久的藝術區

帕尼爾是奧克蘭歷史最悠久的藝術區，許多畫廊都聚集在此地，長長的帕尼爾路上，有許多寶貝等待你去發掘。

DATA

🌐 parnell.net.nz 🗺 P.149

聖三一大教堂和噴泉山(Holy Trinity Cathedral & Mountain Fountain)

從屋頂到噴泉都是一座山形，從教堂內仰望正門的彩繪玻璃，也像一個山字形；側面新建的彩繪玻璃還融入了毛利文化與圖騰，在教堂裡頗為特殊。

DATA

✉ 420 Parnell Rd 🕐 週一～六10:00～16:00，4月～10月15:00關門 ☎ +64 9 377 3904 🗺 P.149

1.2.聖三一教堂內外都可看到清楚的山字型

151

▋金德之家(Kinder House)

於1858年落成，黑色的石牆是用火山熔岩渣砌成。用不規則形的石頭渣蓋房子，除了很酷之外，蓋房子的石匠大師的功力，實在是無與倫比呢！

DATA

✉ 2 Ayr Street, Parnell ⏰ 週三～日12:00～15:00
☎ +64 9 379 4008 ⓜ P.149

▋禧大廈(Jubilee Building)

如果你前往帕尼爾時還沒空做功課，不妨搭車到禧大廈下車，帕尼爾市區圖書館就在禧大廈這棟造型漂亮的古蹟裡頭，有一些古蹟導覽資料可以協助你。

DATA

✉ 545 Parnell Rd ⏰ 週一～五09:00～18:00，週六09:00～16:00 ☎ +64 9 374 1321 ⓜ P.149

1.金德之家用火山岩渣砌成的外牆／2.禧大廈是百年古蹟／3.行道樹的氣根超霸氣

GPS 36°51'26.1"S 174°46'52.8"E

巧克力精品屋Chocolate Boutique Café
忘掉高熱量罪惡感，專心享用甜點

口味香濃的巧克力、好聞的奶油鬆餅、粉紅色的鮮果奶昔……進入巧克力精品屋還是先忘記高熱量帶來的罪惡感，

專心享用點心，並且瀏覽窗外美麗悠閒的街景吧！

最好的景觀位置，就在進店門口左手邊的落地窗檯旁，美國總統柯林頓、希拉蕊夫婦二人就曾經坐在這裡看著窗外的街景喝飲料。座位旁的牆上掛著柯林頓夫婦來訪的剪報，以及柯林頓的謝函；座椅的椅背還釘上寫了二人名字的金色名牌，非常有趣。

溫馨小提醒

■精品屋的特殊小規矩
1. 到這裡用餐要自己取菜單到櫃台點餐，服務人員不會把菜單送到你桌上喔！
2. No WiFi，希望大家來這裡聊天、別滑手機啊！

1.2.4.巧克力精品屋令人難忘／3.刻了柯林頓名字的金色名牌

DATA

✉ Shop 1, 323 Parnell Rd, Parnell, Auckland 1052 🕐 11:00～21:50 📞 +64 9 377 8550 🌐 www.chocolateboutique.co.nz 🗺 P.149

住宿推薦

從豪華高檔到戶外露營應有盡有，要事先做好功課

紐西蘭住宿選擇多樣化，高檔豪華飯店、莊園別墅是奢華之旅的標準配備；汽車旅館、背包客棧、露營場地……品質也頗佳。只要在出發前花點心思，想找到令自己滿意的住宿地點並不難。在紐西蘭挑選旅行住所，會有許多驚喜，像是超大超美的客廳、湛藍潔淨的游泳池，都會成為旅行的樂趣之一。

如何選擇住宿？把握原則不緊張

1.選訂有Qualmark標誌的服務商家。

　　Qualmark代表商家已經通過紐西蘭國家旅遊局的質量認證標準，是安全並且有能力提供良好服務的商家。優先考慮3顆星以上評等的住宿為佳。

🌐 www.newzealand.com

2.透過i-SITE訂房

　　i-SITE是紐西蘭官方的旅遊服務中心，提供行程建議、代訂旅館餐廳租車等服務。透過i-SITE訂房或者套裝行程要先付費取得付費證明，入住旅館時出示證明即可。(Booking.com或者Agoda網站也可以考慮，有時會找到意想不到的特價優惠)

🌐 www.newzealand.com/int/visitor-information-centre/

3.優先選擇提供炊煮設施的住宿

　　紐西蘭餐廳的餐點分量大、蔬菜少，最好能三不五時到超商買青菜水果回家料理清清腸胃，這時候有廚房的住宿就顯得非常重要了。

4.依據預算和住宿天數選住房

　　·背包客棧(BBH)

　　如果旅館只是睡覺用，可選擇住房、衛浴、交誼廳與廚房和他人共用的BBH，只要小心保管個人用品就好。一天約紐幣30～40元，有BBH卡更划算。

🌐 www.bbh.co.nz

　　·青年旅館(YHA)

　　如果是定點住宿(2天以上)向周邊景點擴散的玩法，可以選擇YHA以上等級的住宿，YHA提供無限制流量的免費Wi-Fi，因為是國際性的組織，住宿品質有保障，有YHA卡還享有折扣，只是YHA房間數量少，要及早預定。

🌐 www.yha.co.nz

　　· 開車旅行首選**汽車旅館(Motel)**，畢竟車子停在住房門口，移動時比較快速、上下行李也方便。

　　· 喜歡露營度假的首選是靠近海邊、湖邊、森林公園的**度假公園(Holiday Park)**，有營位可以搭帳篷或者開露營車來住宿。度假公園也有汽車旅館提供住宿服務。

🌐 www.newzealand.com/int/holiday-parks

　　· 想體驗不同住宿風情的人，另有**寄宿家庭(Homestay)**、附早餐的**小旅館(B&B)**、**旅館(Hotel)**、**住宿農場(Farm Stay)**、**鄉村別墅(Cottage)**、**古蹟客棧(Heritage Inn)**可考慮。

1.奧克蘭四星酒店(Grand Millennium Auckland) 2人房。透過Booking.com訂房1晚，預先付款，不能改期或退房，特價紐幣161元／**2.**旺納卡汽車旅館(Manuka Crescent Motel)是兩人房，有廚房和雙衛浴，但是就空間來看，價錢並不便宜。

還無法決定如何住宿嗎？快來參考舞菇的 23 天旅遊住宿點

日期	目的地	停留	旅館	價格(紐幣)
1-5	台灣 ->基督城	基督城	搭飛機+朋友家(4天)	0
6	基督城 -> 城堡山 -> 蒂卡波湖	蒂卡波湖	Book Tekapo Holiday Homes (布克蒂卡波度假民宿) http www.booktekapo.co.nz	630 (5人)
7	蒂卡波湖	蒂卡波湖	同上	0
8	蒂卡波湖-> 庫克山	庫克山	Aoraki / Mt Cook Alpine Lodge (奧基拉／庫克山高山小屋) http www.aorakialpinelodge.co.nz	444 (5人)
9	庫克山 -> 特威澤爾 -> 旺納卡	旺納卡	Manuka Crescent Motel http www.manukacrescentmotel.co.nz	230 (5人)
10	旺納卡 -> 皇后鎮	皇后鎮	The Lofts Apartments http vrhotels.co.nz/the-lofts-apartments	800 (5人)
11	皇后鎮 -> 米佛峽灣 -> 皇后鎮	皇后鎮	同上	0
12	皇后鎮 -> 福斯小鎮	福斯小鎮	Top 10 Holiday Park (福斯冰河十大度假公園) http www.top10.co.nz	267 (5人)
13	福斯小鎮-> 霍奇蒂卡 -> 葛雷茅斯	葛雷茅斯	Noah's Ark Backpackers (諾亞方舟背包客棧) http www.noahs.co.nz	176 (5人)
14	葛雷茅斯 -> 莫圖依卡	莫圖依卡	Equestrian Lodge Motel http www.equestrianlodge.co.nz	545 (5人)
15	莫圖依卡	莫圖依卡	同上	0
16	莫圖依卡 -> 尼爾森 ->澳豪海狗棲息地 ->凱庫拉	凱庫拉	Seaview Motel http www.seaviewmotel.co.nz	280 (5人)
17	凱庫拉 -> 基督城	基督城	朋友家	0
南島		**Total**	**5人分攤**	**3,372**
18	基督城->威靈頓	威靈頓	Astelia Apartment Ｉlotel http www.villagegroup.co.nz	270 (2人)
19	威靈頓	威靈頓	同上	0
20	威靈頓->羅托魯瓦	羅托魯瓦	Quest Rotorua Central Serviced Apartments http www.questapartments.co.nz	390 (2人)
21	羅托魯瓦->哈比屯->羅托魯瓦	羅托魯瓦	同上	0
22	羅托魯瓦-> 奧克蘭	奧克蘭	Grand Millennium Auckland http www.millenniumhotels.com/zh-tw/auckland	161 (2人)
23	奧克蘭機場->台灣	搭飛機		
北島		**Total**	**2人分攤**	**821**

※ 價格時有異動，請以官方公布價格為主

紐西蘭旅行家

附12天、23天，舞菇親自走訪的暢遊奇景行程

作　　者	舞菇	
攝　　影	舞菇	
攝影協力	Meryl Hsu、Jacky Sung、Jaz Song、牧羊女Jenn	

總 編 輯	張芳玲
書系企畫	taiya旅遊研究室
編輯室主任	張焙宜
企劃編輯	張焙宜
主責編輯	張焙宜
特約編輯	洪育奇
校　　對	賴怡伶
美術設計	何仙玲
地圖繪製	何仙玲

太雅出版社
TEL：(02)2882-0755　FAX：(02)2882-1500
E-MAIL：taiya@morningstar.com.tw
郵政信箱：台北市郵政53-1291號信箱
太雅網址：http://www.taiya.morningstar.com.tw
購書網址：http://www.morningstar.com.tw
讀者專線：(04)2359-5819 分機230

出 版 者	太雅出版有限公司
	台北市11167劍潭路13號2樓
	行政院新聞局局版台業字第五○○四號
印　　刷	上好印刷股份有限公司 TEL：(04)2315-0280
裝　　訂	東宏製本有限公司 TEL：(04)2452-2977
法律顧問	陳思成律師

初　　版	西元2017年02月01日
定　　價	300元

ISBN 978-986-336-155-8
Published by TAIYA Publishing Co.,Ltd.
Printed in Taiwan
(本書如有破損或缺頁，退換書請寄至：台中市工業30路1號　太雅出版倉儲部收)

國家圖書館出版品預行編目(CIP)資料

紐西蘭旅行家 / 舞菇作. -- 初版. -- 臺北市：太雅，
2017.02
　　面；　公分. -- (世界主題之旅；102)
ISBN 978-986-336-155-8(平裝)
1.自助旅行 2.紐西蘭

772.9　　　　　　　　　　　　　　105022535

Thank You
因為有你，太雅滿20歲了！

《太雅 20 週年慶抽獎》

即日起～ 2017 年 12 月 31 日為止 (郵戳為憑)

2017 年 5 月 10 日，我們將推出 20 週年慶的官網，公布所有抽獎獎品。
獎品郵寄區域限定台灣本島。填寫住址時，請留意此規定。

《太雅好書抽獎》 即日起～ 2018 年 6 月 30 日

每單數月，抽出 10 名幸運讀者，得獎名單在該月 10 號公布於太雅部落格和太雅愛看書粉絲團。
本活動需寄回回函參加抽獎 (影印與傳真無效)。

以下 3 組贈書隨機挑選 1 組：

放眼設計系列2本 (隨機)　　　**歐洲手工藝教學系列2本** (隨機)　　　**黑色喜劇小説2本**

《抽獎讀者的個人資料》

這次購買的書名是：**紐西蘭旅行家** (世界主題之旅 102)

* 01 姓名：＿＿＿＿＿＿＿＿＿＿＿＿＿＿＿＿＿　　　性別：□男 □女　　生日：民國＿＿＿＿＿ 年

* 02 手機(或市話)：＿＿＿＿＿＿＿＿＿＿＿＿＿＿＿＿＿＿＿＿＿＿＿＿＿＿＿＿＿＿＿＿＿＿＿＿

* 03 E-Mail：＿＿＿＿＿＿＿＿＿＿＿＿＿＿＿＿＿＿＿＿＿＿＿＿＿＿＿＿＿＿＿＿＿＿＿＿＿＿

* 04 地址：□□□□□ ＿＿＿＿＿＿＿＿＿＿＿＿＿＿＿＿＿＿＿＿＿＿＿＿＿＿＿＿＿＿＿＿

* 05 你是否已經帶著本書去旅行了？請分享你的使用心得。

＿＿＿

＿＿＿

＿＿＿

提醒： 以上每項資料均需清楚填寫，我們必須通知你20週年慶抽獎贈品的品項，以及抽獎結果公告，
　　　若是你抽到獎品，但是以上資料填寫不實或不全，導致獎品無法寄送時，我們會自動補遞其他人。

提醒： 本問卷除了參加抽獎外，你還會收到最新太雅出版消息和晨星網路書店電子報。

(請沿此虛線壓摺)

| 廣　告　回　信 |
| 台灣北區郵政管理局登記證 |
| 北 台 字 第 1 2 8 9 6 號 |
| 免　貼　郵　票 |

太雅出版社　編輯部收

台北郵政53-1291號信箱
電話：(02)2882-0755
傳真：**(02)2882-1500**

(若用傳真回覆，請先放大影印再傳真，但傳真無法參加抽獎)

(請沿此虛線壓摺)

太雅

有 行 動 力 的 旅 行 ，從 太 雅 出 版 社 開 始

太雅出版部落格
taiya.morningstar.com.tw

太雅愛看書粉絲團
www.facebook.com/taiyafans

旅遊書王(太雅旅遊全書目)
goo.gl/m4B3Sy

(請沿此虛線裁剪)